幽默心理學

麥斯 主編

前言

幽默是智慧與才華的顯露。在平靜的生活中，幽默是湖水中的漣漪；在豪邁的奮進中，幽默是激流中的浪花；在失敗的困境中，幽默是黑夜裡的星光。

自嘲式的幽默讓人感受到謙遜和豁達，能使緊張的氣氛變得輕鬆，使陌生的心靈變得親近。

美國著名黑人律師約翰·馬克在發表《要解放黑人奴隸》時，聽眾大部分是白人，還普遍對黑人懷有敵意，於是，他放棄了原來的開場白，講道：「女士們、先生們，我到這裡來，與其說是發表講話，倒不如說給這個場合增添點顏色。」聽眾大笑，原本對立的情緒馬上被笑聲驅散，此後會場的秩序一直很好。

調侃式的幽默使平凡的事情變得生動、富有情趣，為呆板的生活添了一道風景。

一位棋迷，棋藝不高，但戀棋如命，與人下棋屢戰屢敗。有人問他戰果，答曰：「第一盤我沒贏，第二盤他沒輸，第三盤我沒有讓他，殺得十分激烈，最後，我說和了算了，他還不肯！」這死要面子的調侃，不禁讓人捧腹。

比喻式的幽默能讓人體會到學識的淵博以及豐富的聯想力。

一位美國記者打電話求見《圍城》的作者錢鍾書先生，錢先生回答道：「假如你吃了雞蛋覺得味道不錯，何必非要去認識那隻下蛋的雞呢？」

對抗式的幽默則會體現出機智與敏捷。

一天，德國大詩人歌德在公園裡散步，在一條狹窄的小路上遇到一位反對他的批評家。這位傲慢的批評家說：「你知道嗎？我這個人從來不給傻瓜讓路。」歌德聽了，報以微笑回答：「真巧，我恰恰相反。」說完就讓批評家過去。

幽默還是夫妻化解矛盾的美好稀釋劑。

有位業餘作家跟妻子吵架後，幾天互不說話。妻子一氣之下便寫下了離婚申請。這位朋友看出問題的嚴重性，靈機一動，在電腦上打印了一張很正式的退稿單，和妻子開起了玩笑。他寫道：「來稿收到，經反覆研究，不予採用。現將原稿退回，謝謝支持！」其妻看後，忍俊不禁。

幽默給世界帶來了許多笑聲，幽默使人們在笑聲中得到啓迪，生活因為幽默而變得美麗，人生因為幽默而變得輕鬆愉快。幽默是生活中一道最美麗的風景！

幽默能撫平各種傷痛；重新再造生機；幽默也能為各種苦難的日子，帶來一份新的力量，讓我們揮別沮喪勇往直前！

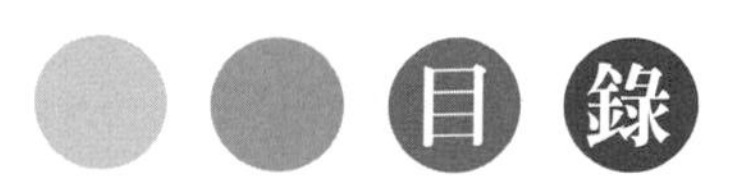

第 1 章　幽默的含義

1・幽默，你是什麼 …… 009
2・幽默的豐富層面 …… 012
3・幽默的魅力 …… 016
4・幽默的樂趣 …… 018
5・幽默就在你身邊 …… 022
6・幽默是一種心理體驗 …… 024
7・理兒不歪，幽默不來 …… 026
8・一分鐘幽默賞析 …… 029

第 2 章　幽默的智慧

1・幽默離不開智慧 …… 045
2・育智慧於幽默之中 …… 047
3・善談者必善幽默 …… 049
4・幽默的至高境界 …… 051
5・一分鐘幽默賞析 …… 054

第 3 章　幽默的能力

1・以幽默戰勝自我 …… 079

CONTENTS

2・以幽默提升能力 …… 082
3・以幽默磨鍊意志 …… 085
4・幽默有什麼禁忌 …… 086
5・一分鐘幽默賞析 …… 089

第 4 章　幽默的心態

1・幽默是灰心喪氣的剋星 …… 115
2・幽默可以減輕病痛 …… 118
3・故作精細「幽默」一把 …… 121
4・幽默是一顆「開心果」 …… 122
5・一分鐘幽默賞析 …… 125

第 5 章　幽默的力量

1・保持一顆平常心 …… 148
2・對成績和榮譽泰然處之 …… 150
3・幽默助你排憂解難 …… 151
4・幽默替你減輕痛苦 …… 153
5・幽默使你更健康 …… 154
6・幽默能夠大事化小 …… 156
7・幽默揭示醜惡現象 …… 157
8・幽默寓教於笑聲之中 …… 159
9・一分鐘幽默賞析 …… 162

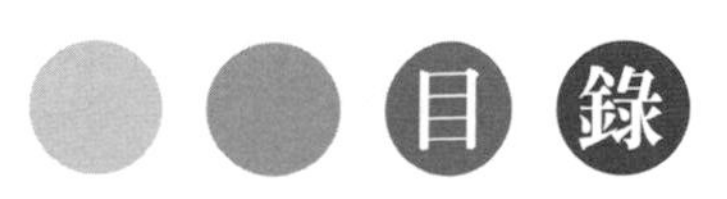

第 6 章　幽默的談吐

1 · 妙詞佳句，就地取材 ………………………… 172
2 · 調節氣氛，縮短距離 ………………………… 174
3 · 寬鬆精神，感受美感 ………………………… 175
4 · 脫離困難，消除尷尬 ………………………… 177
5 · 評判是非，領悟哲理 ………………………… 178
6 · 一分鐘幽默賞析 ………………………… 180

第 7 章　幽默的技巧

1 · 幽默是吹出來的 ………………………… 191
2 · 歪打正著的輕喜劇 ………………………… 193
3 · 大詞小用令人捧腹 ………………………… 195
4 · 隨意可成就幽默 ………………………… 197
5 · 借語作橋找幽默 ………………………… 199
6 · 推陳出新來自模擬幽默 ………………………… 201
7 · 含而不露盡顯幽默 ………………………… 203
8 · 婉言曲說眞幽默 ………………………… 204
9 · 推理變幻莫測的幽默 ………………………… 206
10 · 反語幽默耐人尋味 ………………………… 208
11 · 暗示幽默要會說也會悟 ………………………… 210
12 · 讓動物說人話 ………………………… 211
13 · 一分鐘幽默賞析 ………………………… 215

CONTENTS

第 8 章　幽默的訓練

1．良好的文化素養和表達能力 …… 225
2．敏銳的觀察力，豐富的想像力 …… 227
3．注意言語的健康和新穎 …… 229
4．必備的素質 …… 230
5．千里之行，始於足下 …… 232
6．在實踐中多加訓練 …… 236
7．創造自己的幽默感 …… 238
8．一分鐘幽默賞析 …… 240

第1章
幽默的含義

什麼是「幽默」？這永遠是一個拉不直的問號。幽默對於我們是一個永恆的話題，但幽默的定義卻始終像個謎。美國文學家索爾．史坦貝克說：試圖給幽默下定義，是幽默的定義之一。

沒有人能夠給幽默下一個精準的定義，而不同的字典給出的幽默的定義也不盡相同。

有的人說幽默是一種修養、一種文化；有的人說幽默是一種潤滑劑、一種興奮劑；有的人說幽默能夠令人在滿足中獲得前進的動力；有的人說幽默是讓人消除抱怨，換取一份進取心……

我們對於幽默的理解是：幽默是一種高貴的品質，有著這種高貴品質的人善於撥動自己和他人笑的神經，笑天下可笑之人，笑天下可笑之事，能夠容納世間難容之事。

1．幽默，你是什麼？

為什麼只要卓別林等喜劇演員一露臉，他們的舉手投足便能立即把人們的心弦撥動，使千萬人捧腹、噴飯？奧妙就在於：他們的一言一行、一舉一動都充滿了啓人心智、令人愉悅的心情。

世界上沒有一個人不喜歡風趣幽默的語言。在傳統的節日晚會上，相聲小品之所以一直是最受歡迎的節目之一，就在於它的表現形式離不開幽默，那幽默的語言強烈地感染著觀眾的心，幽默的話能抓住聽者的心，使對方平心靜氣，也可以將一些深刻的思想更加生動和形象地表達出來。

美國南北戰爭時期，一位將軍從前方給林肯發回電報，林肯覺得電報上的戰況太簡略，就回電要求今後的戰報務必詳盡。

這位將軍是個急性子，看了電報很不高興，就故意發了個電報給林肯：繳獲奶牛六頭，請示如何處置？

林肯看了電報，知道將軍生氣了，立刻回電：速擠牛奶！

將軍看了，哈哈一笑，怒氣全消。

從這則幽默故事中，我們看到了一位領導者的謙虛和大度。當將軍怒氣沖沖地發來電報，請求總統處置「六頭奶牛」時，林肯沒有對這一荒唐無理的要求大發雷霆，反而巧妙地做出回應：「速擠牛奶」。

我們經常會遇到這樣那樣的尷尬場面，如果處理稍有不慎，就會導致不良後果。假如人人都能像林肯那樣，在緊要關頭「幽它一默」，那麼，我們緊張乏味的日常生活不知會增添多少的情趣，而少了不必要的折騰呢。什麼是幽默呢？

愛爾蘭劇作家蕭伯納說：幽默是一種元素，它既不是化合物，更不是某種成品。

美國幽默表演大師卓別林說：所謂幽默，在我們就是看來是正常的行爲中，覺察出來的細微差別。換句話說，通過幽默，我們在貌似正常的現象中，看出了不正常的現象，在貌似重要的事物中，看出了不重要的事物。

英國作家哈茲里特說：幽默是說話的調味品，並非食品。

由此可見，幽默這個迷人難測的精靈，在不斷地尋求自己漂亮的外殼，同時又不斷地更新自己的容貌。

幽默感是人的一種比較高尚的氣質，是文明的體現。一個社會不能沒有幽默。有人形象地說：「沒有幽默感的語言是一篇公文，沒有幽默感的人是一尊雕像，沒有幽默感的家庭是一間旅店，而沒有幽默感的社會是不可想像的。」

幽默可能發生在社會生活的每一層次，每一個角落。受過良好教育的人，有受過教育的幽默方式；中產階層的人，有中產階層的幽默方式；而斗大字不識一個的人，也可以有他們獨特的幽默方式。可以說，幽默是一個不拘性別、不拘年齡、不拘社會地位、不拘教育程度的人皆可爲之的社會現象。

正因爲幽默在我們社會生活中是這樣普遍，同人們太熟悉了，它才被人們所忽視。當人們生活在一個缺少空氣的環境中時，才能深切體會到空氣對人體的重要。同樣，只有當人們生活在一個缺少幽默的社會環境中時，他們才會感到幽默的魅力，感到生活中幽默的力量。

有一天，X光的發明者倫琴（一八四五～一九二三年）收到了一封不講理的信，寫信人請求倫琴寄一些X光和一份怎樣使用

這些X光的說明書給他，因為他胸中殘留著一顆子彈，需要用X光來探究治療。

倫琴閱讀過信之後，提筆在回信中寫道：「眞遺憾，眼下我手頭的X光剛好用完了，況且要郵寄這種X光十分困難。這樣吧，請把你的胸腔寄來給我！」

「把你的胸腔寄來給我！」就是幽默口才的過人之處。

2・幽默的豐富層面

幽默是人的能力、意志、個性、興趣的綜合體現，它是社交的調料。有了幽默，社交可以讓人覺得醇香撲鼻，雋永甜美。它是引力強大的磁石，有了幽默的社交，便會把一顆顆散亂的心吸入同一個磁場，讓別人臉上綻開歡樂的笑容。它是智慧的火花，是智慧者靈感勃發的光輝；它是高級的逗笑品，幽默不一定會使你捧腹大笑，卻能引起莞爾一笑。

就品種而言，幽默和笑一樣豐富多彩，它有善意的、冷酷的、友好的、悲傷的、感人的、攻擊性的、不動聲色的、含沙射影的、不懷好意的、嘲弄的、挑逗的、和風細雨的、天眞爛漫的、妙趣橫生的等等。不論揶揄也好，嘲笑也好，充滿同情憐憫也好，純屬荒誕古怪也好，其意趣必須是從內心湧出，這更甚於從頭腦湧出。只有這樣，它才以一種生動感、生命感，標誌出卓越的心智心力，抖展開心靈的溫暖與光輝。

幽默可以分為以下幾種類型，不同的人對幽默有各自的欣賞的類型。

☞ 哲理性幽默

對哲學、宗教等方面有嗜好的人會對此反應強烈。他們往往能對自身弱勢進行嘲笑。對這類幽默感興趣的人並不是自虐狂，而是具有一種能坦率地承認並面對自己的弱點，並超越它們的開闊胸懷，是一種令人感到和藹可親的謙卑。

請看下面這則妙語：

有位大學生請著名的經濟學家給「衰退、蕭條、恐慌」等詞下定義。

「這並不難！」專家回答，「『衰退』時人們需要把腰帶束緊。『蕭條』時就很難買到束褲子用的皮帶。當人們沒有褲子時，『恐慌』就開始了。」

一部題爲《佳麗可人》的作品更富趣味：

「你最愛我哪一點？」妻子問她的丈夫，「是我的天生麗質呢，還是我動人的曼妙身子？」

「親愛的，我最愛你這些幽默感。」丈夫回答。

☞ 荒誕式幽默

這是以一種出乎意料的獨特方式擺脫理性而產生此類的完美

「蠢話」。這種幽默絕不會來自傻瓜的頭腦，而是高度智慧的結晶。喜歡這種類型的人理性思維較發達，追求精神的自由奔放。

有一次，英國作家狄更斯正在釣魚，一個陌生人走到他面前問：「先生，您是在釣魚？」

「是的，」狄更斯毫不遲疑地答，「今天，我釣了半天，沒見一條魚；可是昨天在這個地方，我卻釣起了15條魚！」

「是嗎？」陌生人問，「那您知道我是誰嗎？我是專門巡查偷釣者的公務執行人員，這一帶湖面是禁止釣魚的！」

說著，那陌生人從口袋裡掏出一本罰單，想要記下他的名字並罰狄更斯的款。見此情景，狄更斯忙反問道：「那麼，你知道我是誰嗎？」

當那陌生人還在驚訝不解之際，狄更斯就直言不諱地說：「我是作家狄更斯，你不能罰我的款，因爲虛構故事是我的職業專長啊！」

社會諷刺小品

這是對社會風氣、對人性某些灰暗面的嘲諷，酷愛這類小品的人是在以一種半超然冷漠的態度對待世界，這種幽默的欣賞者往往以一種更開闊的視野——即所謂的「上帝的眼光」來看待自己與人類自身，是自己與人類命運自由而超然的觀察者。

一七一七年，伏爾泰因爲譏諷攝政王奧爾良公爵，被囚禁在巴斯底監獄11個月之久。出獄後，吃夠了苦頭的哲學家知道此人冒犯不得，便去請求他的原諒，希望能夠不計前嫌。攝政王深知伏爾泰的影響力，也急於同他化干戈爲玉帛。於是，兩人都講了許多恰到好處的抱歉之辭。

最後，伏爾泰再一次表示感謝說：「陛下，您眞是助人爲樂，爲我解決了這麼長時間的食宿問題，我衷心地再次向您表示感謝。可今後，您就不必再爲這件事替我操心啦！」

插科打諢式的「胡言亂語」

這是輕鬆的自我娛樂。那些剛開始體會推理之味、涉世不深的年輕人，可能會對此興趣盎然。

馬克・吐溫有一天在美國里士滿城抱怨自己的頭痛病。當地的一個人卻對他說：「這可能是你在以前的地方所造成的，再也沒有比里士滿城更衛生的城市了，我們的死亡率都降低到每天一人罷了。」

馬克・吐溫聽了，立即對那人說：「那請你馬上到報館去一趟，看看今天該死的那個人死了沒有？」

幽默形式和品種異彩紛呈，百花齊放，表明了人類幽默藝術的經久不衰和生命力的旺盛。當我們爲它的奇光異彩所吸引時，應該看到：一如世上絕大多數事物一樣，幽默也有不同品格，有的高貴文雅，啓人心智；有的低級庸俗，貽害萬年。對發揮幽默力量者而言，理性的判斷透視是必要的。

3．幽默的魅力

幽默存在於生活的方方面面，我們不得不承認，一個善於運用幽默的人是魅力十足的。一位心理學家告訴我們：「如果你能使一個人對你有好感，那麼，你也就可能使周圍的每一個人，甚至是全世界的人，都對你有好感。只要你不是到處和人握手，而是以你的友善、機智、風趣去傳播關於你的資訊，那麼空間距離就會消失。」

幽默的特點就是令人發笑，使人感覺快樂、欣悅和愉快，把這一特點運用到社會生活中，就會得到意想不到的效果。

從下面這個例子中，我們就能體會到幽默的功效。

一次，美國總統雷根在國外訪問的歡迎會上發言致辭時，夫人南茜不小心連人帶椅跌落到台下的地毯上。正在講話的雷根看到夫人沒有受傷，便插入一句說道：「親愛的，我告訴過你，只有在我沒有獲得掌聲的時候，你才需要這樣表演啊！」緊接著，台下響起了一片熱烈的掌聲。

本來是一件容易讓雷根陷入尷尬的外交場合，在這時如果只會埋怨或者置之不理，都會令人下不了台，不只是台下的人，臺上的人更是如此。

而雷根在危急時刻，運用幽默化險爲夷，獲得了出奇制勝的效果，顯露出他的機智、豁達，拉近了和觀眾的距離。

幽默是社會活動的必備禮品，是活躍社交場合氣氛的最佳「調料」。它能爲人們增添歡樂，輕鬆地拂去可能飄來的絲絲不快，還能巧妙得體地爲自己或他人擺脫窘境——這就是幽默的超強魅力之所在。

在一次宴會上，一個肥胖的資本家笑著對蕭伯納說：「哈囉，蕭伯納先生！一見到你，我就知道目前世界有些角落，正在鬧饑荒了。」

蕭伯納聽了，不緊不慢地回答說：「先生，我一見到你，就知道了世界爲什麼會鬧饑荒的原因了！」

兩人幽來默去，表義明確但含而不露，眞是絕妙！

現代幽默理論認爲，幽默能在參與者之間產生一種強烈的夥伴感和一致對外的攻擊性。幽默能一下子拉近兩個人之間的距離，因爲一起笑的人表明他們之間已經有了共同的興趣、愛好，這是社交成功的第一步，也是很關鍵的一步。

互相敵視的兩個人，相逢一笑泯恩仇，因幽默而化敵爲友，這種事例舉不勝舉。眞正聰明的人，總是依靠幽默使社交變得更順利，更富人情味。

如果你希望有所成就，希望引人注目，希望社交成功，希望在現代生活中立於不敗之地，那麼，你就應該學會和別人來點幽默，來點共同的笑料。

深受美國人民愛戴的美國前總統林肯長得很難看，這本來是獲得人們喜愛的一個障礙。林肯認識到了這一點，但並沒有迴避，反而利用它拉近了與人們的距離。

一次，林肯的政敵攻擊他，說他是騎牆派的兩面人。

林肯聽了以平和的態度說：「現在，讓聽眾來評評看，要是我有另一副面孔的話，我還會戴這副難看的面孔嗎？」

適時又恰當的幽默，不僅顯示了林肯的達觀與智慧，更體現了他的眞誠，表露了人們所需要的人性和人情味，從而贏得了人們的理解和支持。

誠然，幽默不能代替具體的解決問題的科學方法，它不能幫你減肥，也不能幫你長高，不能幫你考高分，更不能幫你進行發明與創造。但它能幫助你調節人際關係。在人生紛至遝來的困惑中，它會幫你化被動爲主動，以輕鬆的微笑代替沉重的歎息。學著慢慢體會幽默的眞諦，做一個魅力十足的幽默人。

4．幽默的樂趣

隨著物質文明和精神文明的不斷發展，人們越來越懂得製造和欣賞幽默，以圖活得更輕鬆更愉快些。幽默不僅要引人發笑，還要有意味。眞正的幽默，應該是機智百變，妙趣橫生，讓人越琢磨越捧腹，而且有茅塞頓開之感；反之，就降格爲插科打諢，如同幫人家在腳底搔癢罷了。幽默是才智積累到一定程度的自然發揮，是反應訓練到一定程度的自然表現。要想幽默，只有踏踏實實地豐富自己，提高自己。

美國人特魯說得很好：「幽默是一種特性，一種引發喜悅，以愉快的方式娛人的特性；幽默感是一種能力，一種了解並表達幽默的能力；幽默是一種藝術，一種運用幽默感來增進你與他人關係的藝術；幽默是人際關係的潤滑劑，它以善意的微笑代替抱怨，避免爭吵，使你與他人的關係變得融洽，更有意義；幽默可以幫助你減輕人生的各種壓力，擺脫困境；幽默能幫助你戰勝煩惱，振奮精神，在沮喪中轉敗為勝；幽默能幫助你把許多的不可能變成可能；幽默比笑更有深度，其產生的效果遠勝於咧嘴一笑。當你把你的幽默作為禮物奉獻給他人時，你會得到同等的甚至更多的回報；幽默能使他人更喜歡你、信任你，因為他不必擔心被取笑，被忽視。所以人們希望與幽默的人一起工作，樂於為這樣的人做事，而且希望與一位有幽默感的人成為終身伴侶。總之，幽默是一切奮發向上者身上必不可少的力量。」

羅斯福還未成為美國總統之前，有一次，家中遭竊，朋友寫信安慰他。羅斯福回信說：「謝謝你的來信，我現在心中很平靜，這要感謝上帝，因為：第一，竊賊只偷去我的財物，並沒有傷害我的生命；第二，竊賊只偷走部分的東西，而非全部；第三，最值得慶幸的是做賊的是他，而不是我。」

真正懂得幽默樂趣的人，就如同故事中的羅斯福總統，抱著樂觀的生活態度去發現幽默、發現幸福，這樣我們必然能生活在歡聲笑語當中。

有一次，蕭伯納走在大街上，被一個騎車的冒失鬼撞倒在地，幸好並無大礙。肇事者急忙扶起他，連聲道歉，蕭伯納拍拍屁股詼諧地說：「你的運氣眞不好，先生，如果你把我撞死了，你就馬上可以名揚四海了。」

幽默的機智反應並非只是能言善辯，而是一種快樂、成熟的生活態度，掌握了它等於掌握了智慧的結晶，得到了快樂的源泉。學習幽默睿智的人生，才能「樂觀地對待一切」；才能「開口就是智慧」。

幽默大師林語堂曾在某大學教授英文。第一天上課時，他手提一個大皮包走進教室，學生都以爲是課本，打開一看，卻是有殼花生，林語堂則用英文大講其吃花生之道。

他說：「吃花生要吃帶殼的，一切味道與風趣，全在剝殼，剝殼愈有勁，花生米就愈有味道。」他還補充說：「花生米又名長生果，諸君第一天上課，請吃我的長生果，祝君長生不老，以後我上課不點名，但願大家吃了長生果，更有長性子，不要蹺課！」語畢全堂莞爾。

麥克阿瑟將軍在爲兒子寫的祈禱文中，除了求神賜他兒子「在軟弱時能堅強不屈，在畏懼時能勇敢面對自己，在誠實的失敗中能夠堅忍不拔，勝利時又能謙遜溫和」之外，還祈求上帝賜給他「充分的幽默感」。由此更能窺見幽默在西方社會中得到的充分肯定和被賦予的崇高的價值。

印度詩人泰戈爾收到一位姑娘的來信：「您是我敬仰的作家，爲了表示我對您的敬意，我打算用您的名字來命名我心愛的哈巴狗。」泰戈爾給這位姑娘寫了一封回信：「我同意您的打算，不過在命名之前，你最好和哈巴狗商量一下，看牠是否也能表示同意。」

丹麥童話作家安徒生生活很簡樸，常常戴著破舊的帽子在街上行走。有個行路人嘲笑他：「你腦袋上的那個玩意兒是什麼？能算是帽子嗎？」安徒生回敬道：「你帽子下邊的那個玩意兒是什麼？能算是腦袋嗎？」

美國政治家查理斯·愛迪生在競選州長時，不想利用父親（即大發明家愛迪生）的聲譽來抬高自己。在作自我介紹時他這樣解釋說：「我不想讓人認爲我是在利用愛迪生的名望。我寧願讓你們知道，我只不過是我父親早期實驗的結果之一。」

一天，有人問英國首相邱吉爾，做個政治家要具備哪些條件。邱吉爾回答說：「政治家要能預言明日、下月、來年及未來發生的一些事情。」那個人又問：「假如到時候預言的事情未能發生，那該怎麼辦？」邱吉爾笑著說：「那就要能再說出一個理由來啊！」

幽默是人際交往的潤滑劑，它在人們的生活中佔有舉足輕重的地位。但我們不能忘記生活是多姿多彩的，所以在使用幽默

時，千萬不能濫用幽默。一句妙語可以帶來輕鬆與力量，但川流不息的妙語、笑話、諷刺，也能斷絕溝通。我們可能會遇到這樣的人，讓我們不知所措，於是只好逃開這種疲勞的幽默轟炸。

有時候我們會遇到妙語連珠的人，但我們不要產生競爭之心，而是要傾聽他內涵之語意，學習他的長處。若你心中有不平的意念，一心只想用諷刺來壓倒對方，就可能使氣氛陷入緊張，引發對方的仇視心理，爲日後對你的攻擊埋下伏筆。

幽默能使溝通更加融洽，利用幽默產生的開懷大笑能達到與人交流的目的，從而令氣氛非常愉悅。

用心體會幽默的樂趣，你也能一張口開蓮花香，一雙手勤做善事，一顆心有情有義，一輩子歡喜自在。

5．幽默就在你身邊

有位哲人說過：「幽默是我們最親愛的夥伴。我們的生活需要幽默，我們的人生需要幽默，一個健全的社會更不能沒有幽默。沒有了幽默，生活將會變得單調而缺乏色彩，歲月將會變得枯寂、乾涸。幽默給予我們的是源源不斷的甘泉，它滋養著我們的心靈，潤飾著我們的生活。幽默使我們在黑暗中看到光明，在絕境中看到希望。它是寒冬裡的一盆爐火，它是窘迫時的一個笑容……幽默美妙而又神奇。」

不要抱怨自己或者身邊的人缺乏幽默感，其實，只要留意一下，我們無時無刻不身處幽默的氛圍當中。

比如，在擁擠的公車上，大家都會幽默自己「被擠成了相片」。又如，車上人多，乘客沒有聽見站名，錯過站的他便慌慌忙忙敲車門，大喊：「售票員，下車！」而售票員正感不耐煩，一位乘客及時插嘴：「售票員不能下車。售票員下車了，誰賣票呢？」於是，乘客報以微笑，售票員也變得和顏悅色了。

此時的幽默是有效緩解矛盾的潤滑劑，能夠很好地調節人際關係。

一位車技不高的小夥子，騎車時見到前邊有個過路的老人，連聲喊道：「別動，別動！」那老人聞言馬上站住後，還是被他擦撞倒了。小夥子趕忙扶起老人，連連道歉。老人家說：「原來你叫我別動，是爲了瞄準呀！」

由於有了幽默、灑脫的態度，矛盾被巧妙化解了。

有一對老夫婦，去參觀新潮美術展覽，當他們走到一幅僅以幾片樹葉遮掩著私處的裸體女像油畫前時，丈夫很長時間不肯離開。妻子忍無可忍，狠狠地揪住丈夫道：「喂！你想站到秋天，等待樹葉落下來才甘心嗎？」

此時的幽默是最高品質的潤滑劑，是托起老夫老妻愛情之舟的安全氣墊。

幽默能使我們消除煩惱，化解痛苦，幽默還能「美化」、

「樂化」我們的生活，爲生活增添笑聲，使生活變得五彩斑斕。

青年人舉行婚禮是人間美事，可下面這位小夥子用幽默使其婚禮錦上添花。小夥子姓張，新娘姓顧，他藉著兩人的姓做了一次令人叫絕的戀愛經驗介紹：

「本新郎姓張，新娘姓顧。我們尚未認識時，我是東『張』西望，她是『顧』影自憐。後來我『張』口結舌去找她，她說她已有所愛，我『張』皇失措，勸她改弦更『張』，她說現在只好『顧』此失彼了。於是我更大『張』旗鼓地追求她，終於她左『顧』右盼地向著我了。認識久一點，我就明目『張』膽，她也無所『顧』忌。於是，我便請示她擇吉開『張』，她也可銘謝惠『顧』了。」

小夥子句句掛「彩」，調侃令人喜笑顏開。在這裡，幽默是幸福之花，歡樂之果，是剛啓封的美酒，是暖融融的春風。

6．幽默是一種心理體驗

幽默的心理體驗是通過言行公之於眾的，因此表達幽默有有聲語言、書面語言、體態語言等手段。幽默的表達貴在自然，某些有做作痕跡的幽默，雖然也能激起人們的興趣，但給人留下的感覺並不怎麼好：人們會認爲這些裝模作樣的幽默，不過是嘩眾取寵。可見，富有幽默感，秉持著幽默稟性對每個人是多麼重要。而沒有這種素質的人一旦意識到幽默的重要性，必然會鋌而走險，硬行施展生疏的幽默技法，結果當然很差，給人們的感覺簡直與拿腔拿調、忸怩作態的小丑無異。

天災之年，有一對夫妻三天沒吃東西。兩人商量，把家裡一隻養了一年多的叫阿黃的狗殺掉充饑。一家子坐在桌旁吃完了阿黃，正在收拾桌子時，丈夫對妻子說：「如果把這些骨頭給阿黃的話，牠會多高興呀！」

這個幽默對丈夫和妻子都是一種心理體驗。丈夫的表達反映了其自嘲自慰、盎然生趣的樂觀精神。妻子聽了以後心裡當然是苦澀的。但他們都不因爲生活的艱難而沮喪，而是會心一笑，以微笑品味著生活的艱難。

有時候，我們看到一個很幽默的人或者是一個著名笑星，儘管他沒有特意做出什麼幽默的動作和表情，但普通的一句話也能使人感受到一股緩緩而來的清新濃郁的幽默意味。

有一次，一位記者到馮鞏家採訪，馮鞏夫婦並肩坐在長沙發上。夫人顯得很文靜，把說話的機會都讓給了笑星馮鞏。

主持人問馮鞏的夫人叫什麼，馮鞏搶著說：「她叫愛卉，換過來說就是『會愛』。」

「你兒子今天沒在家，他長得像誰呀？」

「漂亮方面像我，聰明方面像她。」

笑星的應答靈活俏皮，逗人發笑。

幽默的自然性是和動作、姿態、表情的自然性融爲一體的。

在一次激烈的保衛戰中，史達林領導的蘇聯紅軍打退了敵人最後一次猛烈的進攻，通信兵前來報告：「敵人正在撤退！」史達林馬上不假思索地糾正道：「不，敵人正在逃跑！」

從史達林那威嚴的表情和斬釘截鐵的口吻中可以知道，他沒有也無心幽默，但這兩句話關鍵字語的更換卻傳達出了豐富的幽默內涵。

7．理兒不歪，幽默不來

矛盾、奇巧、意外、反常、失敗、錯亂是幽默的必然屬性。

俗話說：「理兒不歪，笑話不來。」

幽默不會產生於平庸與蒼白之中，而是來自於意想不到的震撼。著名的幽默大師諾曼・霍蘭德認爲幽默的最大特點是不具協調性。這是很有道理的，下面這則幽默最能說明這點：

某企業主想請某主教爲其做一則廣告。但他沒有把話完全說明白，只是說請他去說教……

企業主首次出價10萬元。

主教只是搖頭，而不說話。

「30萬。」企業主一下把價格提高到原來的三倍。主教依然搖頭不語。

「50萬！」主教的頭搖得更厲害了。

這時，一位神職人員走上前去，低聲對主教說：「主教大人，50萬元可以辦許多的事情啊！你爲什麼還不願意呢？」

主教回答說：「你知道他要我說完教後再說什麼嗎？他要我說『阿門』，然後接著說『××可樂』。」

企業主的要求很離譜，一個主教怎麼能以商品廣告來代替嚴肅的教語呢？正是這種不協調性產生了幽默。

同時，矛盾也可以產生幽默。

樹上的兩顆蘋果瞧著這個世界。其中一顆說道：「瞧這些人打呀殺呀……總是不能和睦相處，說不定哪一天，這世界要由我們蘋果來統治了。」

另一顆回答說：「交給我們？那到底是交給紅的、還是交給綠的呢？」

從蘋果的對白中，我們不難感到言行矛盾時所產生的幽默。

奇異也可以產生幽默。新奇意外的表達可給人一種意想不到的感覺，讓人倍覺突兀，幽默也由此產生。

有三位朋友同住在旅店的45層樓。一天晚上電梯壞了，他們不願意另換住處，於是一起爬樓。爲了消除疲勞，其中一個人不斷地講笑話。好不容易爬到了43層，大家早已疲憊不堪，決定

休息一下。一直講話的人對另一個人說：「現在輪到你了，彼得。由你講一個長一點的故事，情節要動人一些、趣味一些，最後來個使人感到十分意外的大結局。」

於是，彼得開口了：「故事不長，卻讓人驚訝萬分，因爲我剛剛把房間鑰匙放在一樓大廳的櫃台上了。」

這個故事的結尾讓人倍感意外，因而幽默意味油然而生。

反常也可產生幽默。人類的思維方式一般是恒定的，如果不守常規，一味反常，就會產生不協調感。

有一天，國王問阿凡提：「阿凡提，要是你面前一邊是金錢，一邊是正義，你選擇哪樣呢？」

「我願意選擇金錢。」阿凡提回答。

「你怎麼了？」國王說，「要是我呀，一定要正義，絕不要金錢。金錢有什麼稀奇？正義可是不容易找到的啊！」

「誰缺什麼誰就想要什麼，我的陛下。」

◎ 妙計

法官：「我無論如何也無法相信，這樣一位體面的、持重的男子竟能動手打像您妻子那樣的一個嬌小脆弱的女人。」

約翰：「可是她罵我，折磨我，使我完全失去了耐性。」

法官：「她說了些什麼？」

約翰：「她喊道，『來吧，打我吧，我才不怕。來呀，來呀，只要你敢碰我一下，我就把你拉到那個禿頭的老傻瓜——法官那裡去。』」

法官：「本案撤銷。」

⇨真正的智慧在於舉重若輕，能夠四兩撥千斤，一句話就能夠扭轉乾坤。動動你的腦筋吧，也許一條妙計就能夠反敗為勝。

◎ 一語雙關

美國第38任總統福特，他說話喜歡用雙關語。有一次，他回答記者提問時說：「我是一輛福特，不是林肯。」

⇨眾所周知，林肯既是美國歷史上一位偉大的總統，又是一種最高級的名牌轎車；而福特則是當時最普通最平價的大眾化汽車。福特說這句話，一是表示謙虛，一是為了標榜自己是大眾所喜歡的總統。

◎ 保密

記者向季辛吉探問導彈和潛艇的情況，季辛吉聳聳肩道：「我的苦處是，數目我是知道的，但我不知道是不是保密的。」

記者馬上說：「不是保密的。」季辛吉反問道：「不是保密的嗎？那你說是多少呢？」記者只能嘿嘿一笑了。

⇨難以開口時，最好也把對方置於難以開口的境地。

◎ 醜孩子

一名婦女抱著一個孩子坐上公共汽車。司機看了一眼孩子，不由脫口而出，說道：「我一輩子都沒見過這麼醜的孩子！」氣憤的婦女走到最後一排，坐下後，對旁邊的一名男子說：「這個司機剛才侮辱了我！」那人答道：「您趕緊去找他算帳，我來替您抱這隻小猴子！……」

⇨表面溫和的言語實際藏著殺人不見血的快刀。

◎ 恭維話

達爾文被邀赴宴。宴會上，他恰好和一位年輕美貌的女士並排坐在一起。「達爾文先生，」坐在旁邊的這位美人帶著戲謔的口吻向科學家提問，「聽說你斷言，人類是由猴子變來的。我也是屬於你的論斷之列嗎？」

「那當然嘍！」達爾文看了她一眼，有禮地答道，「不過，您不是由普通猴子變來的，而是由長得非常迷人的猴子變的。」

⇨既能堅持自己的原則，又能詼諧地緩解別人對你的敵意，實在不失為是一種有效的交際智慧。

◎ 回敬

第二次世界大戰時，德國法西斯頭目之一的戈林元帥問一位瑞士軍官：「你們有多少人可以作戰？」「50萬。」「如果我派百萬大軍進入你們國境，你們怎麼辦？」「那我們就叫他們每人打兩槍。」

⇨面對強敵，吹鬍子瞪眼是沒有用的，最主要的是要讓對方在你嘴角的一絲笑容中看到了勇氣。

◎ 機智地迴避

美國影歌雙棲女明星卡羅爾・珍妮早年在夜總會唱過歌。接受採訪時，一些聽眾會提出有關她的私生活的問題。有一次，一位男士問她：「你記得使你十分窘迫的時候嗎？」

「是的，記得。」珍妮回答道，「下一個問題呢？」

⇨當面對尷尬的問題時，你有兩種選擇：第一，轉移對方的注意力；第二，不給對方繼續說話的機會。顯然，第二種方法比第一種辦法更具有殺傷力。

◎ 快樂的叫喊

美國第36任總統詹森很喜歡逗小動物玩。一次，他當著攝影記者的鏡頭，揪著自己養的小獵狗的耳朵，把牠拎起來，小狗尖叫不止。他還說：「我喜歡聽牠們叫。」

全國動物愛好者協會知道這件事後，發起了遊行抗議活動，指責詹森虐待動物。弄得詹森不得不當眾「澄清」這一事實。他別出心裁地解釋說：「我敢打賭，這狗叫出的聲音不是在喊痛，而是一種快樂的叫喊。」

⇨當陷入難以自拔的困境中時，你不妨學一學詹森，把矛盾的焦點轉向根本無法驗證的事物之中。

◎ 繈褓中的孩子

一天，某人有意刁難瑞士大教育家彼斯塔洛齊，向他提出了一個問題：「你能不能從嬰兒時期就看出，小孩長大以後會成為一個什麼樣的人？」

彼斯塔洛齊回答得很乾脆：「這很簡單。如果嬰兒時期的是個小姑娘，長大後就一定是個女人；如果是個小男孩，長大後就會是個男人。」

⇨無聊的問題只能以無聊的答案來結束。

◎ 視力沒問題

一名婦女萬般焦急地來到醫院。

「大夫，你趕快幫我看看！我今天早晨醒來之後，一照鏡子，可怕極了，我的頭髮一根根立著，滿臉皺紋，臉色蒼白，眼球通紅，看上去像個死人。我怎麼啦，大夫？」醫生對病人進行了仔細的檢查，然後說：「嗯，我可以很有把握地告訴您，您的視力完全沒有問題！」

⇨怕打擊對方但又必須告訴其真相時，不妨採用這種詼諧幽默的方式，至少能減少一點痛楚。

◎ 刷新紀錄

有一次，一位記者問塔夫特總統的準確體重是多少。「我不會告訴你的。」塔夫特用雷鳴般的聲音回答，「但你要知道，有人也問過議長里德，他回答說，真正有教養的人的體重不應超過200磅。可我已刷新這個紀錄，達到300磅了。」

⇨智者的表達總是能把一些尷尬的問題化解掉，或者把這些問題變成輕鬆話提化。幽默是一劑良藥，最大的作用是拉近距離和緩解矛盾。

◎ 雙倍學費

有一個年輕人，去向大哲學家蘇格拉底請教演講術。他為了表示自己有好口才，滔滔不絕地講了許多話。

末了，蘇格拉底要他交納雙倍的學費。

年輕人驚詫地問道：「為什麼要我加倍呢？」

蘇格拉底笑了笑，說：「因為我得教你兩樣功課，一是怎樣閉嘴，另外才是怎樣演講。」

⇨這個故事看來是個笑話，事實上卻在告訴我們：成功的演講家，應該是有張有弛的。該講則講，不該講則不講，說話點到為止，才能恰到好處。

◎ 物歸原主

佛教創始人釋迦牟尼經過多次的人生選擇，終於在菩提樹下頓悟，達到超我境界。與他得道的艱苦經歷一樣，他的傳道也遠非一帆風順。

有一次，一個男子用骯髒的話語謾罵釋迦牟尼，打斷了他的講道。釋迦牟尼等他罵完後問他：「如果一個人送禮物給另一個人，被送禮人拒絕收下這份禮物，那麼禮物該歸誰呢？」

「當然應該歸送禮的人了。」那男子丈二和尚摸不著頭腦地回答。「好吧，」釋迦牟尼說，「我拒絕接受你骯髒的話語，現在把它歸還給你吧。」

⇨只有讓對方出現破綻，才能一舉制勝。

◎ 夏娃嘗禁果

羅馬教皇的大使到法國時，未來的教皇約翰二十三世也應邀去法國出席盛宴。宴會上，一位穿著暴露的女士剛好是約翰二十三世的鄰座，他只能裝作沒有注意到女士的穿著。甜食上來時，他挑了一顆紅蘋果遞給這位女士，而她卻婉言謝絕了。

「請品嘗一下吧，夫人。」他勸道，「夏娃就是在吃了禁果之後，才意識到自己是赤身裸體的。」

⇨會說話的人總是把諷刺深藏於嬉笑怒罵間。

◎ 小錯和大錯

有人問馬克・吐溫，小錯和大錯有什麼區別。他回答說：「如果你從餐館裡出來，把自己的雨傘留在那裡，而拿走了別人的雨傘，這叫小錯。但如果你拿走了別人的雨傘，而把自己的雨傘也拿走了，這就叫大錯。」

⇨你看明白了嗎？一個對無意疏忽和有意偷竊的精妙論斷。

◎ 驗方

一個心理學教授對會議主持人說：「如果你想讓到會的婦女們一下子安靜下來，只要向她們提出一個問題：『女士們，你們當中哪個年紀最大？』會場裡馬上便會變得鴉雀無聲。」

⇨讓一個人閉嘴的最好的方式除了封住他的嘴之外，就是問一些他最不願意回答的問題。讓一群人安靜的方法則是問一些他們都不願意

公開回答的問題。

◎ 一人買兩票

美國鋼琴家波奇，有一次，在密西根州的福林特城演奏時，他發現全場觀眾很少，還不到半數。他從心裡感到很失望。

這時，只見他從容地走到舞臺前面，對觀眾說：「你們福林特城的人一定很有錢，我看你們每個人都買了兩個座位的票，真了不起呀！」話剛落音，全場歡聲雷動起來。

⇨表面上讚揚了對方，實際上卻化解也擺脫了自己尷尬的局面，這正是幽默魅力之所在。

◎ 時裝

「這件上衣確實是現在最時髦的嗎？」一位顧客問售貨員。

「這是現在最流行的時裝！」

「太陽曬了不褪色嗎？」

「瞧您說的！這件衣服在櫥窗裡已經掛了三年了，到現在還不是像新的一樣。」

⇨無論有人如何地巧舌如簧，只要真相還客觀地存在著，它就會在不經意的瞬間跳出來說話。

◎ 奧祕所在

有一次，有位中年的男人來到一家飯店，耳朵上夾著一根蘆筍。服務員感到奇怪，但不敢問。

自那以後，這位顧客天天來，而且耳朵上總夾有一根蘆筍。

最後，這服務員決定問問那位顧客。果然，這顧客又來了，但他今天耳朵上夾的卻是一棵石芹。

服務員說：「請原諒，先生。您能告訴我為什麼要在耳朵上夾棵石芹嗎？」

「當然能——您知道嗎？我今天沒有弄到蘆筍。」

⇨抓住時機地提問，可能更容易讓我們獲得我們想要的答案。

◎ 再來一份

一位顧客在某餐廳吃午飯。他點了一塊牛排。快要吃完的時候，他突然發現牛排裡有一隻蒼蠅。他十分氣憤地叫來服務員詢問是怎麼回事。服務員不慌不忙彬彬有禮地說：「先生，你抽中了本餐廳再來一份的大獎。」

⇨機智不僅能夠化解你將要面臨的麻煩，而且也能讓別人出乎意料地，忘記了不愉快。

◎ 對付造謠人的妙法

有一天，馬雅可夫斯基在路上見到有個頭戴小帽的女人，她把許多人集中在她的周圍，用各種各樣最荒謬的謠言來誣衊、中傷布爾什維克（西元一九〇三年，以列寧為首的社會民主黨，主張無產階級獨裁，到了一九一七年，蘇聯十月革命後，改名為共產黨）。馬雅可夫斯基很生氣，當即用有力的雙手分開人群，直撲到這個女人跟前說：「抓住她，她昨天把我的錢袋偷跑了！」

那女人驚慌失措，含糊地嘟噥著：「你搞錯了吧？」

「沒有，沒有，正是你，偷了我25盧布。」

圍著那女人的人們開始譏笑她，四散走開了。

人們走光以後，那女人一把眼淚，一把鼻涕地對他說：「我的上帝，你瞧瞧我吧，我可真的是第一回看見你呀！」

馬雅可夫斯基答道：「可不是嗎？太太，您這才頭一回見到一個布爾什維克，就大談特談起布爾什維克們來了……」

⇨「以其人之道還治其人之身。」這是中國的古話，妄議造謠者往往是自己並沒有受到這樣的懲罰。

◎ 旋風和微風

英國作家、評論家G·賈斯特頓（一八七四～一九三六）身材高大，穿著講究，可謂儀表堂堂，然而卻天生一副柔和的假嗓子。不過他並未被難倒，相反，有時候，他還能因此創造出特殊的效果。

有一回，他在去美國旅行前，舉行了一次演講。演講開始前，主持人用華麗的辭藻，喋喋不休地將賈斯特頓介紹給聽眾。

賈斯特頓覺察到主持人的介紹太多太亂，聽眾似有已經呈現不耐煩的厭倦之色。於是等介紹完後，他站起身對聽眾說：「在一場旋風過後，隨之而來的是一陣平靜而柔和的微風。」

⇨持續沉悶以及一成不變的演講方式會讓人覺得厭煩，在面對公眾的時候，要善於觀察和選擇演講技巧。

◎ 機智的報幕員

「尊敬的女士和先生們：下面我們將請在國際比賽中多次獲獎的世界著名藝術家用小提琴為我們演奏幾首美妙的樂曲。」報幕員對觀眾說。

「可我根本不是什麼小提琴家，」這名藝術家不好意思地對介紹錯了的報幕員說，「我是鋼琴家」。

「女士們和先生們，」報幕員說，「不巧，小提琴家把提琴忘在家裡了，因此，他決定改為大家演奏幾支鋼琴曲。這機會可是很難得哦！請大家熱烈鼓掌。」

⇨在無關乎原則的當兒，何妨將錯就錯呢？這樣一來，玩笑之間可能反而多了些意外的輕鬆。

◎ 難回答的法庭審訊

法官問見證人：

「請問，從去年11月14日到今年3月20日這段時間，你每天都在什麼地方？」

⇨很明顯地，若是想得到期望的答案，首先還得看你提問的方式。

◎ 耳冷眼熱

有個叫王文成的人，最近被朝廷封了爵位，同事中有個人很眼饞。有一次，王文成上朝時，戴了一頂兩邊有垂帛遮住耳朵的帽子。那個同事看見笑話他說：「先生耳冷嗎？」王文成回答說：「我不耳冷，先生眼熱。」

⇨看到別人取得成就，不是虛心學習而是諷刺挖苦，對於這些總存嫉妒之心的人，不能太過於遷就，否則會讓他更得寸進尺。

◎ 男人氣概

一位卡車司機走進一家餐館，要了食物後坐了下來。

正在這時，門外來了三個穿皮夾克的小夥子，他們從疾馳的摩托車上跳下來進了餐館，一個搶走了卡車司機的漢堡，一個端起他的咖啡，一個吃起了他的蘋果派……卡車司機一句話沒說，付了錢就走了。

三個小夥子吃喝完了，走到櫃台的小姐面前說：「他不像個好男人。」櫃台的小姐說：「他也不像個好司機，你們看，他正在外頭砸爛三輛摩托車。」

⇨真正的還擊不是停留在原地據理力爭，而是在自己前行的途中，在絲毫不影響自己前進速度的基礎上，將對手遠遠地拋在身後。

◎ 年幼無知

媽媽：「沙姆，食物櫃裡今天早晨還有兩塊蛋糕，怎麼現在只剩下一塊了？」

沙姆：「我怎麼知道呢？食物櫃那麼高，又那麼黑，我找來找去也只找到一塊。」

⇨我們自己總是在無形之中道出了別人想要了解的一切。對此我們自己還以為「這是個多麼令人納悶的問題」。那些看似「愚蠢」的問話，總是引誘出我們真正想要的答案。

◎ 幫我把石頭抬出來

有一位顧客正在用餐，吃著吃著，突然大喊服務生過來。旁邊人聽到他喊，都扭過頭看他。當服務生走到他面前時，他不慌不忙地指著碗裡說：「請幫我把石頭抬出來。」

⇨日常生活中碰到類似的事情靠衝突和大發雷霆解決不了問題，不妨巧妙運用一下幽默，既能表達出意見，又能避免激化矛盾。

◎ 怕你不懂

菲施勒是有名的笑話大王，他幾秒鐘就能講出一個笑話。有個人對菲施勒很不服氣，問道：「你能用一句話說出一個笑話嗎？」菲施勒說：「一句話的笑話很多啊！可是怕你聽不懂。」「哈！我聽不懂，真是笑話。」這人說道。

⇨善用幽默的人都是智者，巧設陷阱、採用激將法，使對手放鬆警惕，讓人不經意間承認了自己的能力，何等的高明。

◎ 底下一樣也沒有

清代紀昀有個笑話是這樣的。一天散朝後，有個老太監和紀昀等人一道走，老太監讓紀昀講一個笑話，紀昀沉思片刻說道：「過去有個太監。」說完就再也不說了，老太監等了好長時間聽不到紀昀說話，便問：「底下如何？」紀昀答：「底下早就沒有了啊！」旁邊人聽後大笑不止。

⇨一語雙關的幽默，哪怕是一個不雅的話題，通過修辭作用，也可以登上大雅之堂，與人交往常常需要這樣的智慧。

◎ 喜鵲肉餡餅

喬納森斯威夫特是英國的諷刺作家，一次外出旅遊，到一家客店歇腳，老闆娘認出了他，就十分熱情地來取悅他。老闆娘滿臉堆笑地問他想吃什麼，「想來點果肉餡餅嗎？或者醋栗餡餅？或是李子餡餅？葡萄餡餅？櫻桃餡餅？」

「老闆娘！除了叫喳喳的喜鵲肉餡餅，什麼都可以啦！」喬納森斯威夫特打斷了她的話。

⇨對於趨炎附勢的人，當他們對你獻殷勤時，不要被表面的實惠沖昏了頭腦，用一個小幽默就讓他們收斂。

◎ 一夜之間……

一個從美國德州來的愛吹牛的人，乘計程車在倫敦觀光。

「這是什麼建築物？」德州人問。

「先生，那是倫敦塔。」出租司機回答。

「我跟你說，在我們那兒兩星期就可以建起一座這樣的建築物。」德州人拉長腔調說。

過了一會兒他又問：「我們剛才經過的是什麼建築？」

「先生，那是白金漢宮，是女王住的地方。」

「是嗎？」德州人說，「你要知道在我們那兒像這樣的宮殿，只需一個星期就能建成。」

幾分鐘後，他們又經過了威斯敏斯特大教堂。這時，這位德州人又問：「嘿，司機，那邊兒是什麼樓？」

「先生，恐怕我也不知道，」司機笑嘻嘻地說。「昨天早上，我經過時還沒有看到呢！」

⇨當一個人用傲慢與無知表達他自認為的榮耀與顯赫時，對他最好的反擊就是用更不真實的虛空為他展示出一種夢幻的事實。因為以他的頭腦以為你會信服他所陳述的事實的虛無，他們便有足夠的愚蠢信服你展示的虛無的事實。

◎ 措辭不同

紅衣主教駕車飛馳，一名員警騎摩托車追上把他攔住。

主教問：「我的車開得太快了嗎？」

「不，主教大人。您的車不是開得太快，而是飛得太慢。」

⇨相對論不僅僅是定律的總結。它在更多的時候是讓我們對他人表達的不滿通過一種褒揚的方式得以發洩的最好的途徑。

☑「寫生」

第2章 幽默的智慧

幽默是智慧的體現。許多聰明人苦於缺少幽默感，歸根結柢是他們缺少幽默的智慧，缺少幽默的技巧。美國著名心理學家哈威・閔德斯在《笑與解放》一書中指出：「人人都可以成爲笑的創造者，都可以把幽默感當作一種主動有效的才能，應用在生活的各個方面。」

最理想而又純正的幽默是那些智者哲人莫逆於心的「會心的微笑」，是一種靈魂的頓悟感，是他們高卓的智慧碰撞出來的火花。他們將這一趣味用一種非常理智的方式表達出來，就形成了機智的幽默。

幽默的形成需要智慧，沒有機智的幽默猶如盲人說瞎話，和尙念佛經，整個世界都會黯然失色。機智的幽默，嬉笑怒罵間自成文章。

1・幽默離不開智慧

幽默不是老老實實的文字，它是運用智慧、聰明與種種搞笑的技巧，使人讀了發笑、驚異或啼笑皆非，並從中受到教育的一種能力。幽默不僅是智慧的迸發，善良的表達，它更是一種胸懷、一種境界。正如作家王蒙所說：「幽默是一種成人的智慧，一種穿透力，一兩句就把那畸形的、諱莫如深的東西端了出來。既包含著無可奈何，更包含著健康的希冀。」

幽默不是油腔滑調，也非嘲笑或諷刺。正如有位名人所言：「浮躁難以幽默，裝腔作勢難以幽默，鑽牛角尖難以幽默，捉襟見肘難以幽默，遲鈍笨拙難以幽默，只有從容、平等待人、超脫、遊刃有餘、聰明透徹才能幽默。」

著名作家林語堂說：「幽默愈幽愈默而愈妙。」

拿喝茶來說。在最好的茶的品類裡，無論是西湖龍井，還是鐵觀音、碧螺春，都是剛喝的時候好像不覺得有什麼特別的好味道，靜默幾分鐘之後，才品味出茶中「只可意會，不可言傳」的妙處。若有人因爲鐵觀音的味道不太強烈，先加牛奶再加白糖，那只能說他不會喝鐵觀音。

幽默也是雅俗不同，愈幽而愈雅，愈默而愈俗。幽默雖然不必都是幽雋典雅，然而從藝術的角度來說，自然是幽雋的比顯露的更好。幽默固然可以使人雋然而笑，失聲哈哈大笑，甚至於「噴飯」、「捧腹」而笑，而最值得欣賞的幽默，卻是能夠使人嘴角輕輕上揚的微笑。

幽默是一種智慧的表現，它必須建立在豐富的知識基礎上。一個人只有有審時度勢的能力、廣博的知識，才能做到談資豐富，妙言成趣，從而做出恰當的比喻。因此，要培養幽默感必須廣泛涉獵，充實自我，不斷從浩如煙海的書籍中蒐集幽默的浪花，從名人趣事的精華中擷取幽默的寶石。

列舉一個錢鍾書先生的例子，他曾寫過這樣一段文字：

「晚清直刮到現在的出洋熱那股狂風，並非一下子就猛得飛沙走石，開洋葷當初還是倒胃口的事……」

這裡把抽象的「社會風氣」的「風」比喻爲自然現象中的「風」，只有這樣才能刮得飛沙走石，既形象又風趣，沒有大張旗鼓的幽默，但是幽默的味道早已從字裡行間顯露無遺。

培養機智、敏捷的洞察力，是提高幽默的一個重要方面。只有迅速地捕捉事物的本質，以恰當的比喻、詼諧的語言，才能使人們產生輕鬆的感覺。當然在幽默的同時，還應注意，重大的原則總是不能馬虎，不同問題要不同對待。在處理問題時要極具靈活性，做到幽默而不俗套，使幽默能夠爲人類精神生活提供眞正的養料。

2．育智慧於幽默之中

幽默是智慧的產物。如果把幽默比擬成一個美人，她應該是內涵豐富、豔若桃花、氣質如蘭的，她應當能給人帶來愉悅的享受。她比滑稽更有氣質，也更加耐人尋味。

司馬遷在《史記‧索引》中曾經把「滑稽」解釋爲「能亂同異」。即通過巧妙地聯想，把客觀事物之間的三分之一或四分之

一相似轉變爲全部相等。這種「化異亂同」或者偷換概念就能造成一種「機智的幽默」。

一位少婦對她的丈夫說：「親愛的，住在咱們家對面的那個男的，總是早上出門前吻他的妻子，晚上回家一進門也是先吻她。難道你就不會這樣做嗎？」

丈夫顯得有些爲難的表情，回答道：「當然可以，不過……我跟她還不是太熟。」

這個聰明的丈夫巧妙地把自己的妻子換成了對門的少婦，偷換了概念，在不經意間顯露出機智的幽默。

違反人們正常思維規律，對事物進行巧妙解釋，或者說出人們意想不到的大實話，都會很好地達到風趣幽默的效果。

一位顧客在一家餐廳吃飯，米飯中的沙子很多，顧客把它們一一挑出來放在桌子上。服務員見此情景很抱歉地說：「都是沙子吧？」顧客搖搖頭，說道：「不，也有米飯。」

顧客巧妙的回答，一個違反常人的思維模式，輕鬆自然地造成了幽默和諷刺的效果。

一個衣衫襤褸的人蹲在積水只有五公分深的水坑前釣魚，所有經過的人都認爲這個人是個傻瓜。到了中午，有一位過路人不禁動了憐憫之心，他和藹地對釣魚的人說：「喂，你願意和我喝一杯嗎？」釣魚的人高興地接受了他的邀請。

他們喝了幾杯飲料之後，這個人問釣魚的人：「你在釣魚，是嗎？」「是的。」「你那今天上午釣到幾條魚呀？」「加上你，已經有八條了。」

看似愚蠢的行爲卻隱含著戲謔的動機，一旦眞相大白之後，自然令人捧腹。

機智的幽默含蓄而又婉轉，鋒利而又忠厚，讓人覺得尖利而又不鮮血淋漓，熱辣而又不至灼傷。機智的幽默不是嘩眾取寵，而是一種樂觀的人生態度，它使人在逆境中也能樂觀面對現實，在順境中有憂患之心。

3．善談者必善幽默

通常情況下，眞正懂得談話藝術的人，其實就是那些既善於引導話題，同時又善於使無意義的談話轉變得風趣的幽默者。這種人在社交場上往往如魚得水，左右逢源，可算做社交談話中的幽默大師。單調的談話令人生厭，因此，善談者必善幽默。但這種幽默，並不意味著一切事物都可以拿來打趣。像是對於宗教、政治、偉人以及關於某種令人同情的痛苦等，都是絕不能加以取笑的。在有的人看來，如果說話不夠幽默，便不足以顯示自己的聰明，這種想法又不免有些偏激。

美國心理學家保爾．麥基認爲，幽默感對於人的社交能力的發展，起著舉足輕重的作用。

與幽默家在一起好比讀一本好書，受益無窮，歡樂無限。

有一次，溫斯頓・邱吉爾的政敵阿斯特夫人對他說：「溫斯頓，如果你是我的丈夫，我會把毒藥放在你的咖啡裡。」

邱吉爾笑笑說：「夫人，如果我是你的丈夫，我就會把那杯咖啡喝下去。」

這裡，邱吉爾用巧妙的回答諷刺了政敵的攻擊，以牙還牙，但並沒有正面衝突，用溫婉而又有力的幽默給了對方教訓。這是值得我們每一個人學習的說話技巧，甚至是做人的技巧。

幽默語言可以使我們內心的緊張和重壓釋放出來，化作輕鬆的一笑。在溝通中，幽默語言如同潤滑劑，可有效地降低人與人之間的「摩擦係數」，化解衝突和矛盾，並能使我們從容地擺脫溝通中可能遇到的困境。

在社交中，談吐幽默的人往往能取勝，沒有幽默感的人往往會失敗。在交際場合，幽默的語言極易迅速打開交際局面。

善於談話的人，有時候需要常拿自己開開玩笑。美國著名律師迪特是一位善於拿自己開玩笑的人。

有一次，哥倫比亞大學校長登臺演說時，先將迪特介紹給聽眾：「他算得上是我國第一位公民！」迪特似乎可以立刻抓住這個難得的機會，大模大樣地開著玩笑說：「諸位靜聽，第一位公民要開始演講了。」不過如果他眞那樣做，就成了一個沒人瞧得起的傻瓜。

那他該如何說呢？他不僅要利用這句介紹詞幽默一下，並且還要從中博得聽眾的好感。他說：「剛才校長先生說的一個名詞，我起初有些聽不太懂。第一位公民——是指什麼呢？現在我才想到，大概他是指莎士比亞戲劇中常常提到的公民。校長先生一定是研究莎氏戲劇極有心得的人，他替我作介紹時，一定又想起他的莎氏戲劇了。諸位聽眾一定知道莎士比亞常常把許多公民穿插在他的戲劇中，這些配角大都只有一兩句話，而且多半是毫無口才、沒有高明見識的人。但他們差不多都是好人。即使把第一和第二的地位交換一下，也根本不會顯示出任何不同之處。」

話未說完，台下便響起潮水般的掌聲。

如果我們能夠在生活中多運用些幽默智慧的語言，就眞的能夠使我們身心健康、人際順暢。我們的人生將到處充滿喜悅與新鮮！

4．幽默的至高境界

事事都求「自然天成」爲好，幽默也是如此。有準備的幽默當然能應付一些場合，但難免有人工斧鑿之嫌；臨場發揮的幽默才更爲巧妙，更見風致。

一九七五年，在巴黎大學的博士論文答辯會上，法國主考的教授向陸侃如先生提了一個奇怪的問題：「《孔雀東南飛》這首詩中，爲什麼不說『孔雀西北飛』？」陸侃如應聲答道：「西北有高樓。」

他巧妙地利用《古詩十九首》裡的句子「西北有高樓，上與浮雲齊」作爲孔雀東南飛的理由。面對刁問能機智作答，其才智令人驚歎。

幽默不是深思熟慮的產物，而是機趣自然的結晶，往往與快捷、奇巧相連。

開往日內瓦的列車上，列車員正在驗票。只見有一位先生手忙腳亂地尋找自己的車票，他翻遍所有的口袋，終於找到了。他自言自語地說：「感謝上帝，總算找到了。」

「找不到也不要緊！」旁邊一位紳士說，「我到日內瓦去過20次，都沒有買過車票啊！」

他的話正巧被站在一旁的列車員聽到，於是列車到達日內瓦車站後，這位紳士便被帶到了車站駐警處，接受審問。

「您說過，您曾20次來日內瓦，都沒買車票？」

「是的，我說過。」

「您不知道，這是違法行爲？」

「我不這麼認爲。」

「那麼，無票搭車怎麼解釋？」

「很簡單，我是自己開車來的。」

這位先生眞是有「把稻草說成金條」的本事。無可非議，他是無票乘車者，但他能巧妙地運用幽默爲自己開脫，列車員能拿他怎麼辦？

臨場發揮是一種技巧，更是一種心智，它需要我們有冷靜的頭腦，能夠保持從容鎮定，不慌不忙。在各種晚會、文藝演出中，許多主持人、演員臨場應變，妙語連珠，爲晚會營造了歡樂的氣氛，也贏得了觀眾的掌聲和喜愛。

臨場幽默貴在能及時發現並抓住「觸媒」，由此巧妙聯想，得體發揮。

一個演員唱樂亭大鼓時，鼓板沒打幾下，那鼓砰然落地，觀眾譁然。主持人利用演員彎腰撿鼓的時機親切地說：「諸位，今個兒節目是臨時加的，這位演員沒來得及帶自己的鼓，用的是別人的，看來這鼓還眞有點認生呢！」

一句話緩解了緊張的氣氛，讓我們不得不對這位主持人的臨場應變，心生佩服。

一位雜技演員表演《踩蛋》時，不小心把腳下的一個雞蛋踩壞了，觀眾都看見了，演員很不好意思地又換了一個雞蛋，主持人連忙打圓場：「爲了增加藝術效果，證實雞蛋是眞的，所以演員故意踩碎了一個給大家看。」

不巧的是，主持人話音剛落，演員腳下又一個雞蛋被踩碎了。觀眾馬上轉向主持人，這回看你怎麼說？只見主持人無可奈何地歎了口氣，說：「唉，看來今天的主辦單位，成本預算可能要增加了，各位說是不是？大家鼓掌通過吧！」

這幽默風趣，隨機脫口而出，令人欽佩，一時滿座粲然。

◎ 車輪

「昨天，我在高速公路上把車開得飛快，時速竟達到150公里，以致把一個汽車輪子給甩飛了。」

「哎呀！您沒被摔傷嗎？」

「沒有，甩的是那個備用輪胎出去呀！」

⇨生命永遠沒有備用，它是你人生中最後的賭注。

◎ 路邊的風景

在故宮博物院中，有一位太太不耐煩地對她先生抱怨：「我說你為什麼走得這麼慢。原來你老是停下來看這些東西。」

⇨有人只知道在人生的道路上狂奔，結果失去了觀看兩旁美麗花朵的機會。

◎ 零比零

一場足球比賽只剩一分鐘就要結束了，一位觀眾匆匆趕到看臺。他問鄰座說：「比分多少？」

「零比零。」

「太好了！一點也沒耽誤。」

⇨如果看重的只是結果，對人而言，還有什麼事情是曾經發生過？

◎ 先知

某人自稱是「先知」。

人們問他：「你是先知的代表的意義是什麼呢？」

他答：「我能知道你們心裡想些什麼？」

「我們想什麼呢？」大夥兒問。

他笑了笑，答道：「我知道你們心裡在想『這傢伙根本不是個先知，而是個十足的騙子』！」

⇨這個世界上真的可以有先知，不是因為他們對未來知道多少，而是因為他們對現有事物的洞察。

◎公雞不識路

朱哈提了一些雞放在籠裡，拿到集市上去賣。他背著雞籠走了一段路，感到很累。這時他想：「雞籠裡的雞也許會渴死或熱死的，我為什麼不放開牠們，趕著牠們上集市呢？」

於是，他打開雞籠，把雞放出來，雞馬上四散飛開，到處亂跑。朱哈提著一根棍子，跟在一隻公雞後面，邊跑邊抱怨：「你這該死的公雞，半夜裡漆黑一片，你能司晨報曉，現在大白天，你卻不認識路！」

⇨不要因為公雞會報曉就要求牠能認路，否則就像趕鴨子上架那樣不會有任何效果。

◎後顧之憂

一個庸醫把某個人的兒子誤診而醫死了，為了賠償，他把自己的兒子給了對方作養子。接著，他又診死了一個人家的女僕，為了抵償，他把自己的女僕給了對方。

一天晚上，有人敲他家的大門，說：「醫生，不好了。我的老婆突然腹痛不止，請您馬上去看診。」

這醫生把妻子喚出來，無奈地囑咐道：「老婆，這次你要做好心理準備了……」

⇨我們應該想著怎樣避免壞事情的發生，而不是時時刻刻去做一些無用的彌補或消極的想像。

◎ 生存艱難

倫敦皮卡德利大街有個小型雜技團，正在上演了一個節目：30天關在玻璃箱內絕食之男子。

新聞記者凱西聽聞此事，前去採訪絕食男子。

她隔著玻璃箱壁問道：「你為什麼要演這種節目？」

那男人答道：「還不是為了混口飯吃！」

⇨人生有時就是這樣具有諷刺意味，在不得不低頭的時候，原來你是為了能夠揚眉吐氣。

◎ 書架

懷特：「啊！你有一個多麼漂亮的書架呀，可惜上面一本書也沒有。」布朗：「是呀，以前我倒是有很多書的。可是，為了買這個書架，我只好把那些書全賣了。」

⇨對於表面形式的注重，常常讓人拋棄了內容本身。

◎ 黑色的羊

物理學家、天文學家和數學家走在蘇格蘭高原上，碰巧看到一隻黑色的羊。

「啊！」天文學家說道：「原來蘇格蘭的羊是黑色的。」

「得了吧，僅憑一次觀察你可不能這麼說。」物理學家道：「你只能說那隻黑色的羊是在蘇格蘭發現的。」

「也不對。」數學家道：「由這次觀察你只能說，在這一時刻，這隻羊，從我們觀察的角度看過去，有一側表面上是黑色的。」

⇨越精確的東西，對實際生活越沒有用處。

◎ 下雨的機率

我去參觀氣象站，看到許多預測天氣的最新儀器。參觀完畢，我有點好奇地問站長：「當你說下雨的機率為75%時，是怎樣計算出來的？」

站長沒有多想，便回了話：「那就是說，我們這裡有四個人，其中三個認為今天會下雨。」

⇨眾口鑠金，有時候，真理不過是大多數人的意見而已。

◎ 奴顏

國王狄奧尼修的一個弄臣把阿里斯提卜領到華麗的宮殿，並警告他不要在這裡吐痰。阿里斯提卜便將痰吐到此人臉上，並且說：「我再也找不到一個更鄙陋的地方了。」

⇨髒在心裡，總會寫在臉上。

◎ 閱讀

友人因自己博覽群書而喜歡夸夸其談。阿里斯提卜就說：「不是廣泛的閱讀而是有用的閱讀導致卓越。」

⇨讀有用的書，越讀越明；讀無用的書，越讀越呆。

◎ 辨別

有人問：「有智慧的人和沒有智慧的人差別何在？」阿里斯提卜回答說：「先把他們都脫光，然後送到陌生人中間去，你就會知道了。」

⇨有智慧的人在任何情況下都能應付自如，而愚蠢的人一遇到尷尬的情況便手足無措。

◎ 酒鬼

醫生對一酒鬼說：「酒喝多了傷肝，你為什麼不自我約束一下？」酒鬼問：「怎麼個約束法？」醫生出主意：「譬如在酒瓶子上畫條線，每次別喝過就行了。」

酒鬼無奈地說：「這個辦法我試過，可每次沒等到喝過那條線，我就不省人事了。」

⇨凡事都需要有個「度」，過了「度」就會出問題。中國古代有個成語叫做「過猶不及」，正是這個道理。

◎ 假牙

在工藝商品店裡，一名婦女質問經理：「上個星期你們賣給我的這個象牙盒是假的，我請人鑒定過了，它根本不是用象牙做的？」「請原諒，夫人。如果真有這麼回事的話，那麼，在科學如此發達的今天，這也不是不可能的。我想，或許那頭大象曾經鑲過一顆假牙吧……」

⇨技術的進步，絕不能掩飾人們對真相的追求。假如技術帶給我們的只是虛假，那麼原始社會將成為人類的渴求。

◎ 看戲

從前，有一個瞎子、一個聾子、一個跛子，三個人一塊去看戲。三個人一邊看戲，還一邊評論戲演得好壞。瞎子說：「今天的戲，唱得很好，不過行頭不好。」聾子說：「是你看不見，其實行頭很好，可惜唱的聲音太小了。」跛子接過來說：「你們倆說得都不對，其實今天的戲唱得不錯，行頭也好，可惜就是戲臺搭得有點歪了。」

⇨世界只有一個，但每個人所感覺到的世界卻千差萬別。

◎ 無以爲家

有位詩人感嘆地說：「詩人為什麼不像小說家、散文家一樣稱『家』呢？」

旁邊一人解釋道：「詩人很浪漫，要到處去尋找靈感，不能被『家』拖累。」

「不對！」詩人有些無奈地說：「因為一首詩賣不到幾個錢，我們才沒能力成『家』！」

⇨世界是既浪漫又現實的，詩人有超脫的一面，還有世俗的一面。

◎ 批評的權利

在經過一場激烈的爭論之後，作家對廚師說：「你沒有從事過寫作，因此你無權對這本書提出批評。」

「豈有此理！」廚師反駁道：「我這輩子沒有下過一個蛋，可我能嘗出炒雞蛋的味道。母雞能行嗎？」

⇨發言權往往不是取決於親身的參與，而是一種觸類旁通的洞察。

◎ 房子的優點

出售不動產的經紀人說：「這所房子有優點也有缺點。我講講有哪些缺點。第一，西邊半里開外是牛棚，北邊是橡膠製品廠，東邊的兩個區是灌溉區，正南對著釀醋廠。」

「那優點是什麼呢？」困惑不解的買主對此十分感興趣。

「您任何時候都能斷定，今天颳的是什麼風。」

⇨優或劣之分大概是由人評說的，因為各自的出發點全然不同。

◎ 生日禮物

約翰不知該送什麼東西給他的同齡女友做生日禮物。於是，他問祖母說：「祖母，要是明天是你十六歲的生日，告訴我你會想要什麼？」

祖母歡快地回答：「哇：那我什麼東西都不要了。」

⇨孩子心中的希望是快快長大，老人的希望是時光倒流。

◎ 一個會思考的腦袋

一隻獅子深深愛上了一個樵夫的女兒。姑娘的父親說：「你的牙齒太長了。」獅子就去找牙醫把牙齒拔了。牠回來後又找樵夫提親，樵夫說：「還不行，你的爪子太長了。」獅子又去找醫生，把爪子也拔了，然後回來要姑娘嫁給牠。樵夫看到獅子已經解除了武裝，就把牠的腦袋打開了花。

⇨再尖銳的牙齒，再鋒利的爪子，也比不上一個會思考的腦袋。

◎ 總值

員警：「你被偷去的大衣，值多少錢？」失主者：「新做的時候，是20元，曾經當過一次，是12元贖出來的，一共32元。」

⇨在失去的時候，我們總是在為自己失去的那件東西加價。

◎ 觀光客與司機

一位觀光客問計程車司機：

「請問，從這裡到凡爾賽要多少錢？」

「40法郎，先生。」

「太貴了！咱倆換個位置怎麼樣？我來開車，這樣我只收你20法郎，如何？」

⇨很多時候，我們真不會為對方的立場來思考。

◎ 無奈的婚姻

在某國首都舉行了一個婦女座談會，參加會議的有各界婦女代表。一位上年紀的婦女在會上發表了她對選擇愛人的看法，並說她的丈夫就是她父親為她選定的，這使她至今都很高興。

有位婦女不理解她的觀點，問她：「為什麼？」「因為，」她說，「如果是自己選擇的，我將悔恨終生。」

⇨在成長的過程中，我們總是嘲笑前段歲月的稚嫩。我們一次次否定自己曾經肯定的作為，一次次肯定自己曾經否定的過去。到最後，我們終於發現，這就是人生。

◎ 足智多謀

艾力克不高興地質問他的心上人：「這麼說，你是不願意嫁給我了？」

「是的，我的丈夫必須要勇敢，並且足智多謀。」

「可是你難道忘了嗎？上次你落水的時候，是我拼命把你救起來的呢！」

「你確實勇敢，不過這並不意味著你足智多謀。」

「好吧，那你知道是誰弄翻那條船的嗎？」

⇨智慧並不抵觸勇敢，但勇敢若缺少了智慧的支撐──那就只能是單槍匹馬的莽夫。

◎ 眼鏡

海倫眼睛不好。過去她一直戴著一副眼鏡。可是自從有了男朋友之後，海倫不再戴眼鏡了。

她母親很奇怪，問她為什麼不戴眼鏡。

她說：「噢，媽媽。吉姆覺得我不戴眼鏡更漂亮；同時，這樣我也可以覺得他好看些。」

⇨我們大部分的人，窮盡一生在奔波追求，希望尋找生命中最有價值的事物。其實，當我們瞪大眼睛的時候，有價值的東西反而從我們的身邊溜走了。

☑「波大也有意想不到的好處！」

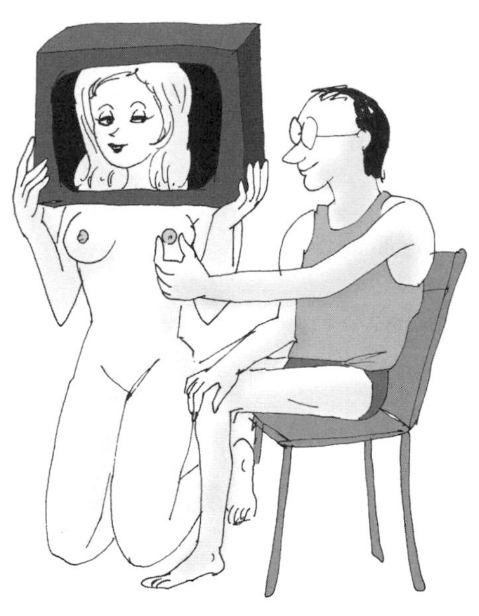

☑「無題」

◎ 修理意見

一天，有個上班族將車子開到修理廠，對修理工說：「我的車子每次轉彎都會發出『嘭』的一聲悶響，請你檢查一下，下班後我來取。」說完匆匆走了。

傍晚，那個上班族來取車時，拿到了一張修理單，上面列印著：修理費——0元，修理意見——請勿將保齡球放置於車子的後備箱內。

⇨正確的東西要放在正確的位置，才會現出它的價值；若放在了不合時宜的地方——縱然黃金，也會等同於一堆糞土！所以人生很多時候，去用心發覺自己的準確方位，才是首要之重！

◎ 原來如此

一對年輕夫婦去看畫展。妻子是一個高度近視眼，她站在一幅大畫前仔細地看了老半天，然後大聲地喊了起來：「我的天哪！這位婦人為何如此難看？」

「親愛的，別大驚小怪，」丈夫連忙走上前去悄悄地告訴妻子，「這不是畫，是面鏡子」。

⇨我們總是警戒自己小心別人，因為人心隔肚皮，知人知面難之心——但是，當我們對著鏡子的時候，不妨自問一下，我們是否真的了解鏡中人嗎？

◎ 蝙蝠的問題

三個南部的牧師在一家小餐館裡吃午飯。其中的一個說道：「你們知道嗎？自從夏天來臨，我的教堂的閣樓和頂樓就被蝙蝠騷擾，我用盡了一切辦法——噪音、噴霧、貓——似乎什麼都不能把牠們趕走。」

另外一位說：「是啊，我也是。在我的鐘樓和閣樓也有好幾百隻。我曾經請人把整個地方用煙熏消毒一遍，也趕不走。」

第三個牧師說：「我為我那裡的所有蝙蝠洗禮，讓牠們成為教會的一員……從此啊！連一隻也沒有再回來過。」

⇨為什麼非要帶著敵對的目光來打量身邊的事物呢？如果你改變一下看待問題的方式，歡歌笑語就會時常伴隨著你。

◎ 別擋住了我的陽光

哲學家第歐根尼這位銀行家的兒子放棄了萬貫家產，棲身於一隻大木桶中曬太陽，捉蝨子，思考哲學問題。馬其頓國王亞歷山大大帝來到科林特市時，拜訪了這位哲學家，並且對他說：「先生，只要你告訴我你需要什麼，我會馬上賜給你。」第歐根尼聽罷，躺在木桶裡抬了抬眼皮，說：「那就請你站到旁邊，別擋住了我的陽光。」亞歷山大對身邊的人說：如果有來生的話，我願意做第歐根尼。

⇨生活就是這樣簡單。人們應當善待生命，用大量的時間做自己喜歡的有價值的事情。

◎ 從天而降

朋友們總在勸瑪麗：「你年紀不小了，該結婚了。這事你得主動些，難道你還打算坐在家裡等你的丈夫從天上掉下來嗎？」後來瑪麗真的結婚了，和一個傘兵，他在一次跳傘訓練時，正好落在瑪麗她家的院子裡。

⇨奇蹟是存在的，但我們不能依靠奇蹟生活。自己的幸福要自己把握，自己主動去爭取，尤其是愛情。

◎ 絕妙的提問

某人問醫生：「請問醫生，我怎樣才能活到100歲？」

「第一，戒酒。」「我從不喝酒。」

「第二，戒色。」「我一點也不喜歡女人。」

「第三，少吃肉。」「我是個素食者！」

「那麼您為什麼想活這麼久呢？」醫生十分不解地問。

⇨一百年的痛苦，不如一天的幸福。

◎ 哭泣的丈夫

三個人死後進入天國。當他們到達時，聖彼得問第一個人，生前是否忠於他的妻子。此人承認做錯了兩件事。聖彼得說他只能得到一輛小型轎車。然後聖彼得又問第二個人是否忠於自己的妻子，第二個人承認做錯了一件事。聖彼得說他可以得到一輛中型轎車。第三個告訴聖彼得，直到死他都一直忠於自己的妻子。聖彼得於是贈給他一輛豪華轎車。

一星期後，三個人開著車外出，碰上紅燈，他們全停下來。坐在小型車和中型車的兩個人看到豪華車上的人正在哭，於是就問他：「你有了那麼好的車，還哭什麼？」那人說：「我剛看到我妻子，她只騎著一輛自行車。」

⇨有時候，了解事情的真相並不一定更快樂，人生也許要學會「難得糊塗」的哲學吧。

◎ 沒有女人的福氣

有一男子，總認為自己在女人方面沒有好運氣，於是就去教堂祈禱：「請上帝賜給我一群女人在我身邊。」可是非常不幸，他剛剛走出教堂，就被一輛車撞倒住進了醫院。躺在病床上的他心想：「上帝怎麼這麼不公平……」正想到這兒，護士長突然領來20名漂亮的實習女生走到他的病床前，並對她們說：「這名患者因交通事故不能動彈了，你們首先要教他如何使用便盆。」

⇨與健康比較起來，其他的都微不足道，可我們總是不停地抱怨得到的太少。幸福，是需要健康的身體去享受的。

◎ 夢和現實

房東太太發現一個流浪漢睡在公園的長凳上。她大發善心，讓他住進自己的旅館中最好的房間去。

第二天早上，流浪漢來到她的跟前致謝，並說，自己寧願回到公園的長凳上去。她說：「為什麼呢？這裡不好些嗎？」

他回答說：「我多謝你的好意。可是當我睡長凳時，常常夢見自己睡在暖洋洋又柔軟的床上；但昨天晚上，我卻夢見自己仍然睡在冰冷的長凳上，難受極了！」

⇨人總是以為夢想實現就是幸福，而事實上卻並非如此。

◎ 什麼是「快樂」

德國人，法國人和一位俄國人聚在一起談論什麼是「快樂」。

德國人說：「快樂就是你在辛苦地工作完一天之後，躺在自己舒服的沙發上，喝著啤酒，看著精彩的球賽……」

法國人說：「快樂是你在星期六的夜晚，與心儀已久的金髮美女，共度浪漫的良宵……」

這時，俄國人說了：「真正的快樂，是在深夜裡，你突然聽到急促的敲門聲，打開門一看，是一群祕密員警，他們拿著槍指著你說，『格拉吉夫？你被捕了！』而你告訴他們：『格拉吉夫住在隔壁！』」

⇨每個人都有快樂的標準，其實，真正的快樂在心間。無論你是以什麼樣子存在於這個世間，自我的體驗和感受永遠是你快樂的源泉。

◎ 事實驗證

某村晚上聚集許多人在那聊天，談論世事與談天說地。在談論中講到某甲，某乙說，某甲這個人的品德很高，人也很仁慈，只是很可惜也有一個壞處！「什麼壞處？」有人問。某乙又說：「某甲雖是一個好人，可是脾氣毛躁一點，做事也很魯莽！」

剛好這時某甲從這裡經過，聽到有人這樣批評他，便衝進門來暴跳如雷地說：「我什麼時候毛躁？」於是舉手就打某乙。旁人說：「你怎麼可以打人呢？」「我怎麼不可以，他說我脾氣毛躁，做事魯莽，我什麼時候毛躁和魯莽？你們說？」眾人說：「你現在發脾氣不是毛躁，舉手打人不是魯莽是什麼？」某甲因理虧而不好意思地走了。

⇨人一旦太虛榮，愛爭面子，必然非常介意別人對自己的看法。凡事在意的態度，便會感到別人都在注視著自己，而自己的言行舉動，即刻變得不自在，不自然，不快樂了。

◎ 貪得可怕

從前有個人很貧苦，生平信仰呂祖，呂洞賓為其熱誠感動，便下凡來到那人家裡，一看他那麼窮，很是同情，便伸出個手指點了點庭中的一塊磐石，磐石即刻成了燦燦的黃金，呂洞賓問那人：「你想不想要這東西呀？」那人回答道：「不，不想。」呂洞賓高興地說：「你這人不貪財物，很有誠意，我可傳授一些仙道給你。」那人卻急忙地說：「不，不是的，我是想要你這個手指頭。」呂洞賓一聽嚇得把黃金變回磐石，拔腿就走，這人要把我手指給剁了，太狠了吧！

⇨人常說知足常樂，本來就可以擺脫貧苦日子，結果因為「貪得可怕」，什麼也沒有得到。作人要學——知足就好，適度更好！

◎ 幸福的祕訣

西吉斯蒙德（一三六八～一四三七）於一四一一年任神聖羅馬帝國君主。有一回，他在宮廷裡大談人生哲學。有一個大臣就問他：「在這個世界上，人是這樣的脆弱，而且終究不免一死，那麼怎樣才能獲得較為持久的幸福？有沒有什麼祕訣？」

西吉斯蒙德胸有成竹地回答：「當然有，那就是只要在健康時，把那些生病時不得不讓別人去做的事都幹掉，就會獲得持久的幸福。」

⇨幸福是缺憾的滿足，如果你不斷為自己製造缺憾，又不斷地滿足這些缺憾，那麼，你就獲得了持久的幸福。

◎ 正直的賊

「做人，到底是正直的好。」

「為何？」同夥好奇地問。

「我偷了一隻狗，要賣給人家，誰都不要，後來送還原主，他們很高興，倒給了我十塊錢做為獎勵呢！」

⇨做個正直的人比做個卑鄙的人不僅僅快樂得多，也收穫的多。

◎ 物價上漲

乞丐甲：最近物價漲得太厲害啦！

乞丐乙：可不是，生意都不好做。

乞丐甲：工作難找，大學畢業生都在家閑待著呢！

乞丐乙：看來我們真幸運，物價上漲、生意難做、工作難找……跟我們一點關係都沒有。

乞丐甲：小聲點兒，我們可不能太張揚，否則就麻煩了。

⇨沒有自知之明著實是一件最悲哀的事情，即使你的情緒在此刻是多麼愉快，那終究是一種虛假的快樂。

◎ 大難臨頭時

一次在海上旅行，威靈頓公爵乘的小船遇上了風暴，有沉沒的危險。船長匆匆趕到威靈頓的包艙，說：「公爵，船進水了，我們就要完蛋了。」

威靈頓正想上床睡覺，便說：「那好，那我就不用脫鞋了。」

⇨真正的樂觀是「泰山崩於前而面不改色」的冷靜，而不是對任何事情都滿不在乎的漠然。

◎ 母親的煩惱

兩個婦女在交談。

「我的女兒無論什麼都不對我講，我簡直拿她毫無辦法！」

「我的女兒是無論什麼全都對我講，簡直讓我煩死了。」

⇨「過與不及」都是人煩惱的根源。

◎ 樂觀主義

醫生：老實說，您的病期並不樂觀……

病人：大夫，那還多久？

醫生：大概三個月，不超過一百天。

病人：太好了，我還以為會錯過下個禮拜我兒子的婚禮呢！

⇨最好的幽默是一種對於生活的樂觀和豁達。

◎ 煩透了

「我真煩透了！」上年紀的女僕對年輕的女僕發牢騷，「要知道，我整天都在被迫地重複著一句話：『是，太太！』『是，太太！』『是，太太！』」

「我也煩透了！」年輕女僕回答道，「我也是整天都在重複著一句話；『不，先生？』『不，先生！』『不，先生！』」

⇨每個人都有自己的煩惱。所以，不要老是羨慕別人，好像別人永遠快樂，而你總是陷入煩惱的汪洋大海中不能自拔。

◎ 需要

「如今你中了大獎，不但是錢多，豪華的別墅你有了！漂亮的轎車你也有了！你大概再沒什麼需要的了。」

「需要……」

「什麼？」

「需要證明我不是在作夢。」

⇨相對於車子、房子、票子等，其實人最需要的是內心的平安。

◎ 青蛙的命運

有一天，一隻青蛙給牧師打電話，問自己的命運。

牧師說：「明年，有一個年輕的姑娘會來了解你。」

青蛙聽了，高興得蹦了起來：「哦，真的嗎？是在王子與公主的婚禮上嗎？」

牧師說：「不，是在她明年的生物課上。」

⇨過於牽強的虛幻的奢望，只會讓我們更加痛苦。太多時候，一種自知之明會讓我們獲得更加切合實際的幸福。

◎ 擔心漲價

「你聽說了嗎？漢斯，汽油又要大漲價了。」

「你有什麼好擔心的呢？你又沒有汽車。」

「可是我有打火機啊！」

⇨古人道「不以物喜，不以己悲」，在現實生活中，為微小利益的得失而煩憂的又豈是少數，這些人其實是在一點點剝奪自己的快樂。

◎ 卜卦

巫婆對小夥子說：「明年你會交好運的，你會娶上個漂亮的黑頭髮的姑娘，她還會給你帶來百萬英鎊的嫁妝。」

「太謝謝了，太太。我理應加倍付給您卜卦錢，但一時手頭拮据，是不是等我結婚時再付給您！」

⇨對於人來說，幸福的婚姻意味著一個男人找到了他能夠相依為命的那個女人，而不是找到了能充當錢罐子的另一半。

◎ 給踢人的驢子一腳

希臘大哲學家蘇格拉底，有一天和一位朋友在雅典城裡散步。忽然有位憤世嫉俗的人，用棍子打了他一下就跑了。

他的朋友看見，立刻回頭要找那人算帳。但蘇格拉底阻止了他，朋友奇怪地問：「難道你怕這個人嗎？」蘇格拉底笑著說：「你糊塗了，難道一頭驢子踢你一腳，你也要還牠一腳嗎？」

⇨和愚蠢的人較量就會變得更愚蠢，真正快樂的人是超脫於日常生活之上的，他絕不會睚眥必報。笑看世間萬物，你會變得大智大勇。

◎ 她是我媽

一天，勞森走過雪梨歌劇院門前，看見一位衣裳破爛的婦女擺攤賣報，她嗓子都喊嘶啞了，懷裡還抱著一個睡著了的嬰兒

詩人想幫幫忙，連忙拿出錢來買她的報紙。

正在這時，又跑來一個小孩，拿著報，用嘶啞的聲音喊：「賣報！賣報！」

勞森望望這可憐的孩子，又望望那可憐的女人，不禁躊躇了。到底買誰的好呢？那小孩看出來了，很有禮貌地對勞森說：「先生，不要緊！是同一回事。她是我媽。」

⇨愛能激發更多的愛，愛能讓人超越世俗的利益。

◎ 有力的警告

燈塔管理員訂了一份週報。郵遞員每次給他送報，心裡都不高興，因為為這份報紙要划一小時船，太麻煩。

這一天，郵遞員又滿臉不耐煩地把報紙送到燈塔處。燈塔管理員不動聲色地說：「下一次請你笑著來，否則我馬上改訂一份日報！」

⇨如果一個人熱愛自己所從事的工作，他就會在自己的工作中找到樂趣，否則他只能自怨自艾地過一輩子。

◎ 三根頭髮

有一個人只有三根頭髮。一天，他到一家髮型設計店。

店員：「請問你要設計什麼樣的髮型呢？」

顧客：「嗯……我沒什麼意見，你拿主意好了。」

店員：「那我幫你編辮子。」

在綁辮子的過程中，店員不小心弄掉了一根頭髮：

店員：「先生，先生，有一根頭髮掉了，怎麼辦呢？」

顧客：「哦，不要緊；那請你幫我梳個中分的髮型好了。」

在梳頭髮的過程中，又掉了一根頭髮。

店員：「先生，先生，又掉了一根頭髮了。」

顧客：「那算了，我披頭散髮回去好了。」

⇨在樂觀的人眼中，無論發生什麼事情，後果都是可以接受的，並且，因為接受而心滿意足。

◎ 組裝

媽媽懷孕了，四歲的小寶百思不得其解，他想知道，未來的弟弟或妹妹是如何生出來的。爸爸耐心地給小寶描繪道：「先生出頭，再生出身子，最後是兩條腿，懂了嗎？」

「懂了，爸爸。然後你再用螺絲把它們組裝起來，對吧！」

⇨我們似乎習慣了叫苦連天——生活累啊，人生煩啊——可是有沒有想過，是不是我們自己把生活組裝得太過複雜？不如拋開那麼多繁瑣（欲望）——簡單一點吧！

◎ 我也一直站著

這天，柯立芝正埋頭辦公，忽然一位崇拜柯立芝的女士闖了進來，對他前一天的演講表示祝賀並說：「那天大廳裡人山人海，我根本無法找到一個座位，一直站著聽完了您的演講。」

這位夫人用了帶委屈的口氣說了這話，顯然想以此換得幾句安慰話。不料，柯立芝冷漠地說：「並不是你一個受累，那天我也一直站著。」

⇨當我們覺得被別人或生活虧待了的時候，往往顧影自憐。但是，當我們勇敢地抬起頭的瞬間，你一定會發現在陽光下大家一樣真實的影子——頓覺豁然開朗！

◎打電話

深夜三點半，老王家裡的電話鈴突然響起，「這是按摩中心嗎？」電話那頭問。

「這是私人住宅，笨蛋！」王先生被電話驚醒，氣惱地說。

「那你為什麼三更半夜不睡覺，而跑來接電話？」

⇨別人對我們無來由的惡意的攻擊，總是因為他們找到了能讓他們為之捧腹，我們卻無法辯解的事由所在。其實這個時候，我們只要一笑而過，他們便立刻會覺察到他們自己的孤立與無聊。

◎寬大爲懷

畢卡索對冒充他的作品的假畫，毫不在乎，從不追究。

看到有偽造他的畫時，最多只把偽造的簽名塗掉。

「我為什麼要小題大做呢？」畢卡索如此的說道。

「作假畫的人不是窮畫家就是老朋友。我是西班牙人，不能和老朋友為難。而且那些鑒定真跡的專家也要吃飯，而我也沒吃什麼虧。」

⇨君子坦蕩蕩。寬容有的時候是對別人最大的恩惠，一個小小的不經意的或者有意的寬容都能夠讓人得到幸福，何樂而不為呢？

◎系統不相容

「麥克實在是個好男人，英俊瀟灑，溫柔而又活潑，並且事業有成。我再也沒見過比他更優秀的男友了，可我們還是吹了。我用MAC，而他卻用Windows！」

⇨生活中沒有完全相同的兩片樹葉，也沒有完全相符的兩個人。斤斤計較細枝末節的東西，就會因小失大，錯失良機。

◎ 不反抗的理由

「您說您遇到了三個歹徒，他們毒打您，撕破了您的衣服、搶走了您的錢包。為什麼您當時不反抗呢？」

「我不想同他們一般見識……」

⇨人的寬容應該有其道德和法律的限度，一味地妥協要麼是有意地縱容他人，要麼是出於自身的懦弱。

◎ 頭一次看見

有個婦人氣沖沖地向法官投訴——

「法官先生，有人，說我像一頭犀牛，我能不能控告他？」

「當然能。他是什麼時候罵的呀？」

「一年以前的事了。」

「你早該控告他了。」

「可是，我昨天才第一次看見犀牛呀！」

⇨生活中的一些無知有時反倒能助長你的快樂，或者你能夠做到去忽略那些讓你不快樂的真相。

◎ 吃豬肉

一個傻子想吃豬肉，但又不知怎麼吃法，就跑到肉舖裡去請教。肉舖裡的夥計答道：「用刀剁碎，煮熟便可吃。」

「刀在何處買？」

「刀舖裡去買。」

於是傻子在刀舖裡買了一把刀。他右手執刀，左手拿肉，走在街上。不料，剛出城，猛地從空中飛下一隻禿鷲將肉叼去了。

傻子不去追禿鷲，卻仰首笑道：「哈哈！你這隻傻鷲。你沒有刀，把肉叼去，我看你怎麼吃！」

⇨世界上沒有兩片完全相同的葉子，更何況動物與人。自己的短處不一定是別人的短處，又怎能用同樣的標準去衡量呢？

第3章
幽默的能力

幽默不是吹牛拍馬，賣弄聰明；幽默不是輕視譏笑，損人找樂。幽默應該是寬容與善意、豁達與樂觀。幽默是一個人能力的閃光，幽默是許多成功人士的共同品質，甚至是他們成功的關鍵因素。憑藉這種能力，他們可以在大庭廣眾之下侃侃而談，成爲眾人關注的焦點；他們可以在職場中左右逢源，拓展人脈；他們還可以從客戶身上獲得商機，贏得老闆賞識、同事敬佩……

1・以幽默戰勝自我

幽默研究學者張瑞君說：「如同樹木需要陽光、空氣和水，人需要的是幽默。幽默感是現代人應有的素質。」他還說：「對疲乏的人們，幽默就是休息；對煩惱的人們，幽默就是解藥；對悲傷的人們，幽默就是安慰……」

對於所有的人來說，幽默就是力量！

幽默是一種言語或行動，它不是刀槍劍棍、武林絕技，也不是排山倒海的兵力，它是智慧與知識的綜合。在智慧之力、知識

之力的輝映下，幽默也就具有了化險為夷的魔力。當你處於四面楚歌的危急情境、處於受人非難的尷尬處境，幽默都能給你轉敗為勝的力量。

如何擺脫沮喪悲觀、煩惱惆悵的不良情緒，使自己的精神家園陽光燦爛呢？重要的心理療法就是一種「合理化」或「自我解嘲」式的幽默療法。它要求人們對生活抱著樂觀的態度；要求人們淡化苦難、苦中求樂；要求人們在失望時看到希望；要求人們「猝然臨之而不驚，無故加之而不怒。」保持一份平和的心境。

做到了這些，你的精神之樹就會長青，你心中的信念長城就不至於頹然倒地。我們完全可以這樣說，幽默可以給人們精神家園以強大的支撐力，使人們在苦樂交加、曲折變幻的人生道路上百折不撓，實現真正的人生價值。

幽默地對待自己，對自身的優點和榮譽一笑置之。這樣會讓你得到許多理解。

一次選舉會上，一個人獲得了勝利，榮任高職，有人祝賀他時，他回答說：「無論如何，巴西足球在上週贏得的那場球賽更值得祝賀。」

他輕描淡寫地對待自己的榮升，以他的謙虛來贏得別人尊敬，改善了自己的形象，當然也就更容易進一步和別人接近。

生活當中，讚揚需要幽默，指責更需要幽默，幽默能使指責傳達善意。如果雙方發生了分歧，其中之一的當事人撇開嚴肅的態度以幽默的語言來暗示責備，而不至於傷害人，那麼即是調侃式的、半寬容的幽默語言也能正確無誤地表達出責備，以達到不傷害人的目的和作用。

其原因就在於，幽默傳達給對方後，對對方產生作用的不完全在於這是些什麼話，有很大一部分在於你的幽默給了對方一種什麼樣的感覺。顯然，真誠的、善意的幽默即使傳達出責備的資訊，通常情況下也是不會引起反感或惡感的。而一本正經的批評指責，引起分歧增大、感情破裂的可能性要大得多。

在死亡面前，邱吉爾幽默地說：「我已經準備好去見上帝，可上帝準備了什麼來見我呢？」

法國革命家丹東在他就義前大聲喊道：「把我的頭拿去吧！我的頭是值得一看的。」

美國著名的小說家歐・亨利臨終前則是說：「把燈全點上吧，我不想在黑暗中回老家去。」

面對死亡，這些智者保持著一份超然、幽默的態度，這該是多麼瀟灑的情懷與不平凡的氣度啊！

蘇聯學者阿諾欣院士說：「我們應該學會用幽默鍛鍊我們的情感，就像鍛鍊肌肉一樣。」

契訶夫也曾告誡人們：「朋友，要是火柴在你的衣袋裡燒起來了，那麼你應當高興，而且感謝上帝，多虧你衣袋裡不是火藥庫。要是你手指頭扎了一根刺，那你應當高興，挺走運，多虧這根刺不是扎在眼睛裡……」

美好的精神家園，不妨用幽默去建立起來！

2 · 以幽默提升能力

幽默作爲一種激勵藝術，在日常的交往中有著重要的作用。富有幽默氣質的領導、主管，很容易聚集一批爲他效力的員工，主管的幽默能化解許多尷尬，維護員工的自尊。

美國歷史上的許多重要人物，如林肯、羅斯福、威爾遜等，都是善於運用幽默藝術的代表。

有一次，林肯與一位朋友邊走邊交談，當他們走至迴廊時，一隊早已等候多時、準備接受總統訓話的士兵齊聲歡呼起來，但那位朋友還沒有意識到自己應退下。這時，一位副官走上前來提醒他退後八步，這位朋友才發現自己的失禮，立即脹紅了臉，但林肯立即微笑著說：「白蘭德先生，你要知道也許他們還分辨不清誰是總統呢！」就這麼一句簡簡單單的話語，立刻打破了現場的尷尬氣氛。

人應該善待自己，善待他人，善待生活中的失敗、痛苦，甚至身體的缺陷，如果你換個角度去看，用有趣的思想，輕鬆的心態去對待，那麼你的生活就會充滿亮色，你本來憂鬱的心情就會變得明朗。

美國一位肥胖的女政治家在競選演講中自我解嘲：「有一次我穿上白色的泳裝在大海裡游泳，結果引來了蘇聯的轟炸機，他們以爲發現了美國的航空母艦。」結果在笑聲中，選民反不以其肥胖爲礙，使她在競選中處於優勢。

從管理的角度看，幽默不只是孩童的把戲，開心的笑臉，它和提高生產效率應該是相輔相成的。競爭的加劇、經濟的動盪使企業員工面對著超乎尋常的壓力。對公司而言，如何保持員工的士氣，同時又能激發他們的創造性和「突破桎梏的思維」比任何時候都重要。

運用幽默進行管理，管理者往往可以取得很好的效果。據美國針對1160位各階層管理者的一項調查顯示：77%的人在員工會議上以講笑話來打破僵局；52%的人認爲幽默有助於其開展業務；50%的人認爲企業應該考慮聘請一名「幽默顧問」來幫助員工放鬆；39%的人提倡在員工中「開懷大笑」。一些著名的跨國公司，上至總裁下到一般部門經理，都已經開始將幽默融入到日常的管理活動當中，並把它作爲一種嶄新的培訓手段。

幽默還可以使人與人之間的關係變得融洽，使公司的內部矛盾得以化解。經濟的衰退使公司不得不面對裁員問題時，還可以利用幽默化解裁員過程中可能出現的各種風險。美國歐文斯纖維公司曾在新世紀之初解雇了40%的員工，考慮到可能由此而引起的種種問題，該公司管理層聘請了專門的幽默顧問，利用兩個月的時間對一千六百多名員工施行了幽默計畫，在公司內開展了各種幽默活動。結果，公司所擔心的聚眾鬧事、陰謀破壞、威脅恐嚇、企圖自殺等可怕後果都沒有出現。

人都喜歡與幽默的人一起相處，在西方，沒有幽默感的男人，簡直就是沒魅力、愚蠢的代名詞。幽默的主管比古板嚴肅的主管更易於與下屬打成一片。有經驗的主管都知道，要使身邊的下屬能夠齊心合作，就有必要通過幽默使自己的形象人性化，那麼怎樣才能使自己成爲一個幽默的主管呢？

博覽群書，拓寬自己的知識面顯然是必不可缺少的。知識積累得多了，與各種人在各種場合接觸時就會胸有成竹，從容自如。

除此以外，還需培養高尚的情趣和樂觀的信念。一個心胸狹窄，思想消極的人是不會有幽默感的，幽默屬於那些心寬氣明，對生活充滿熱忱的人。

另外，提高觀察力和想像力，要善於運用聯想和比喻。作爲一名企業主管，要有意識地訓練自己對事物的反應速度和應變能力。多參加社會交往，多接觸形形色色的人，增強社會交往能力，也能夠使自己的幽默感增強。幽默作爲管理者的一種優美、健康的品質，恰如其分地運用會激勵員工，使之在歡快的氛圍中度過與你相處的每一天。

當然，幽默是一種創造性的本領，要隨機應變，根據對象、環境以及刹那間的氣氛而定，但也需注意以下技巧：

一是不要隨意幽默。幽默並不是隨時隨地都可以運用的，應在某些特定的場合和條件下發揮幽默。例如，在一個正式的會議上，當你的下屬在發言時，你突然冒出一兩句逗人的話，也許大家被你的幽默逗笑了，但發言的那位下屬心裡肯定認爲你不尊重他，對他的發言不感興趣。二是幽默要高雅才好。三是不幽默時無需硬要幽默。如果當時的條件並不適當，你卻要盡力表現出幽默，其結果必定是勉爲其難，到底該不該笑一笑呢？這種哭笑不得的情況，反而會令彼此陷入更尷尬的境地。

3．以幽默磨鍊意志

在漫長的人生道路上，每個人都難免與逆境狹路相逢。很多人畏懼逆境帶來的動盪和痛苦，但從長遠看，時常有些小挫折，倒是更能使人保持頭腦清醒，經受得住考驗，也更能磨礪出個人的意志。

幽默的人相信失敗是成功之母。失敗和成功在一定條件下是可以相互轉化的，正因爲曾經有失敗，所以才能在不斷總結失敗的教訓後獲得成功。如果一個人一直都被成功包圍，那麼，偶爾一次小小的失敗對他來說可能就是一次相當殘酷的考驗，失敗可能就會如影隨形。

幽默中滲透著堅強的意志。有幽默感的人往往是一個奮力進取的弄潮兒。他們面對失敗的打擊、惡劣的環境，能夠抱著幽默的態度，從而做到自強不息。發明家愛迪生就是一個善於以幽默的態度對待失敗而又不斷進取的人。

愛迪生在發明電燈的過程中，試驗燈絲的材料失敗了一千二百次，總是找不到一種能耐高溫又經久耐用的好金屬。

這時有人對他說：「你已經試驗失敗了一千二百次，還要再試下去嗎？」

「不！我並沒有失敗。我只是發現有一千二百種材料並不適合做燈絲罷了。」愛迪生幽默地說。

愛迪生就是以這種驚人的幽默力量，從失敗中看到希望，在挫折中找到鼓舞。這就是這個偉大的發明家百折不撓、碩果累累的訣竅。有時候，面對失敗，我們的意志和信心可能會滑坡，而適時的幽默可以幫助我們避免這一點。

有人打網球打不過他的朋友，他就可以幽默地對他的朋友說：「我已經找出毛病在哪裡了，我的嗜好是網球，可我卻到乒乓球俱樂部裡去學習。」

或許也可以這樣自我解嘲：「咱們打個平局，怎麼樣？我不想處處趕上你，你也別想超過我。」

這種幽默不是自欺欺人，也不是要我們像鴕鳥一樣在看到危險的時候把頭埋進沙子裡，這種幽默可以有效地防止我們的意志滑坡，還能在會心一笑中拉近我們同他人的心理距離。

4·幽默有什麼禁忌

幽默以其巨大的功能遍及不同的語境，它能夠使人樂於接受眞理，有助於人際關係的融洽，還能夠化尷尬爲輕鬆，使批評獲得良好的效果。但是幽默也要注重時間和場合，還要看準對象，切忌隨意幽默。

如果幽默使用的時間和場合不對，不僅不能達到預期的效果，還會引起別人的不快。

一位漂亮的夫人站在丈夫的墳前傷心垂淚，這時一位陌生男子走了過來。他說：「夫人，對於您丈夫的不幸亡故我深感痛惜，對於您的不幸遭遇，我深表同情。不過我不得不告訴您，當我一見到您，我就深深愛上了您。」

夫人說：「住嘴，你這個流氓！你給我滾開，不然我要叫警察了。」

而另外一位陌生人溫柔地說：「您千萬別生氣，夫人，我本不想在這個時候打擾您，更不該在這個時候表露我的心意。但是時機不再來，誰能在您的美麗面前自持呢？」

這位夫人佯嗔說：「現在是談情說愛的時候嗎？你應該在我沒哭泣的時候來拜訪我呀！嗯，這是我的名片。」

這一波三折的趣劇演到這裡時已經告訴了我們，不論你多麼風趣幽默，如果沒有弄清楚時間和場合，別人不但不會被你打動，還會帶來反效果。

幽默除了要把握好時間和場合之外，還有國度之別，受民族、時代、審美心理及歷史文化傳統等條件的制約。

法國巴黎的市場裡有一位賣肉的商人，前後左右同樣是肉攤，可他的生意就是特別好，原因是他性格開朗，言語幽默。

他在做生意時，嘴裡總是親切地說個不停。

「您好，年輕人！吃點什麼？來點烤肉還是小牛肉？我看還是吃點小牛肉好，又嫩又香，吃了小牛肉的男人會特別健壯，您說呢？」而被他稱爲「年輕人」的先生是一位50幾歲的中老年人了。一聽到他這樣親切的稱呼，心裡自然高興起來。這一笑似乎臉上的皺紋都平展開來，也就買了很多小牛肉。

試想，這位商人如果在中國做生意也用這種方式，那這位被稱爲「年輕人」的老人一定會怒目相向，拂袖而去。

幽默還要分清對象，對自己身邊的人或者比較親近的人，開幾句玩笑往往無傷大雅。但如果是在對方年齡或者身分比自己高的情況下，如長輩、上級或者專家等，那麼就一定要愼重考慮幽默的話語和方式，否則是極其不禮貌的行爲。

此外，幽默還要注重性別、性格等差異。如與男性開玩笑，空間大、尺寸也好掌握；而對女性，特別是妙齡女性，一定要特別注意，不要引起別人的反感或者誤會。對性格外向的人和性格內向的人，也要有所區分。

◎ 狼與灰鶴

狼吞進一塊骨頭，骨頭卡在喉嚨裡，咽不下去。於是，狼去找灰鶴說：「你把我喉嚨裡的骨頭叼出來，我會好好報答你！」

灰鶴於是把頭伸進狼的嘴裡，用長嘴叼出了那塊骨頭後，對狼說：「快給我報酬吧！」

狼說：「哼！你剛才把頭伸進我嘴裡，我沒有把你的頭咬下來，你還不滿足嗎？」

⇨面對狼一般的貪婪，也許我們真的應該慶幸自己及時地認識到了什麼是不該去相信的。

◎ 蠢人和羊

有一個叫巴基里的人花11個銅錢買了一頭山羊。他把羊扛在肩上，用兩隻手托著往家裡送。半路上，他遇到一個老朋友：「這頭羊你用多少錢買來的？」

巴基里沒有回答，只是把兩隻手往前一伸，用十個指頭表示「10」，他又把舌頭往外一伸，加起來自然是「11」了。

可是，他肩上的山羊早已跳下來，逃得無影無蹤了。

⇨不善於運用自身最便利條件的人，往往一無所獲。

◎ 安全游泳法

最近，在年輕人中間流傳著一條新聞—大街上辦了個「安全游泳指導處」。

於是，人們三兩相聚時，就商量著：「咱們得趕緊去學一學安全游泳法。」

開學了，大家都坐在老師面前，不知會是怎麼個學法。正在發慌呢，老師又從裡屋恭恭敬敬地取出筆墨來，在大家的膝蓋上畫上橫線，說道：「我衷心地希望你們：深過這條線的水可千萬不能下呀！」

⇨站在岸上的人永遠學不會真正的游泳，只有深入其中才能得到你想要的才識。

◎ 遵守交通規則的人

一個人在馬路上飛快地跑著。別人問他為什麼跑這麼快，他指著路牌氣喘吁吁地說：「你看，上面寫著限制時速20公里，我不能違反交通規則啊！」

⇨不要隨意給自己施加壓力，因為有些事情是與你毫不相干的。

◎ 取其精華

法國一家出版社的總編，有一天收到一位年輕女孩子的來稿，連同小說原稿還有一大盒杏仁糖。看完了稿件，總編給她回了一封信：「你的杏仁糖很可口，我們收下了；可是你的小說太糟糕，我們不能收。以後只寄杏仁糖就可以了。」

⇨不要試圖用一個方面去彌補你覺得尚還不夠的方面，這很可能是枉然的，因為你繞開了問題的實質。

◎ 欲擒故縱

在蒙特卡羅作案的老扒手卡魯，被一個老練的員警逮捕了。員警叫卡魯交100法郎的罰款，可他身上只有90法郎。

「先生，就請減免10法郎吧。」

「不行，這是規定！必須交齊100法郎，這樣吧，卡魯，我讓你打個電話，你可以向個同行借一下！」

⇨司馬昭之心，路人皆知。

◎ 春去了

一位夫人已經上了年紀，臉上皺紋密佈，但她總想把自己說得年輕一些。有一次，她對一位新近結識的朋友說：「你知道嗎？我和我妹妹加起來一共60歲。」

「啊喲喲，」這個朋友驚叫起來，「難道你把一個這麼小的妹妹丟在家裡，放得下心嗎？」

⇨正所謂「欲蓋彌彰」，往往是坦然面對比刻意掩蓋更能讓人忽視你所不願意接受的事實。

◎ 三思而後行

一輛耀武揚威的大卡車上立著一塊大木牌，上寫：「本車與他車相撞17次，其中15次大勝，一次平局，只有一次失利。駕駛朋友在撞我之前，要三思而後行！」

⇨在行動之前，你所要想的恰恰是自己，而不是別人。如果所有的人都能照顧好自己，世界就相安無事了。

◎ 量過了才吃

小林到動物園餵猴子，他發現猴子每次都會先把丟進去的花生塞在屁眼裡，然後再拿出來吃。小林好奇地問管理員，為什麼這猴子會有這種舉動？管理員答道：「因為去年有人丟給牠一個大桃子，為了把大桃子的核排泄出來，吃了不少苦頭，所以現在牠一定先把食物量過了才吃。」

⇨所謂的「一朝被蛇咬，十年怕井繩」，猴子尚能如此，為什麼我們有的人卻在同一個地方重複地犯錯。

◎ 推門和拉門

有一位男青年連續數十夜夢到拼命推一扇無論如何也不能推開的門，日間則精神不振，後到心理專家處諮詢得到建議：下一次暫且停下來，看一看周圍的情況。後來果然又夢到此情形，他暫停下來看時，則見門側有一標牌，寫著「拉」，於是他輕輕拉門而入。

⇨從全方位分析問題，思考而後行動。

◎ 未雨綢繆

高中生馬克在校成績總是不及格。

爸爸對他說：「孩子，從下個學期開始，你只要加倍努力讀書，成績及格了，我就給你買一輛小轎車。」

第二個學期結束了，馬克還是不及格。爸爸火冒三丈！

「沒用的東西，這個學期你幹什麼去了？」

「我去學開車了。」

⇨事情總該有個輕重緩急，作為前提的部分還沒有實現，後面的就無從談起。

◎ 謙遜

有位官員前去看望一個病中的下屬。官員沉重地歎息一聲，說：「我們兩個都老了，還常常鬧病。我們兩人當中究竟誰先離開這個世界呢？」這位以謙遜著稱的下屬習慣地恭敬回答道：「當然是您，大人。」

⇨當你希望以某種「品質」來贏得更多的時候，可要小心了，因為一個不經意就能讓你全盤皆輸。

◎ 誠實的店員

哈洛到一家商店當店員。上班的第二天，一個老店員吩咐他把裝在塑膠袋裡的垃圾拿出去扔掉，他卻一動也不動。老闆問他為什麼不聽老店員的話，哈洛說：「如果我聽了他的話，就違背了您的話。您昨天對我說：『你在我的店裡，一定要十分誠實，絕不要把店裡的東西帶出門。』」

⇨刻板的遵守規則應該是不太討人喜歡的，即使是在那些制定規則者的眼裡。

◎ 再加一步

一位斯巴達人對母親抱怨說，他的劍太短了。母親回答說：「兒子，你只要前進一步，劍不是就長了嗎？」

⇨主觀的努力是對客觀不足最好的彌補，要知道抱怨是解決不了任何問題的。

◎ 理由

有幾位紳士在一個酒店裡喝酒，酒後沒什麼可消遣的，有人就提議賭博。有一位紳士站起來說道：「我有14條理由反對賭博。」大家問他是哪些理由，他說道：「第一條，我沒有錢……」那個提議的人馬上打斷他的話，說道：「你老兄就是有400條理由的話，也用不著說第二條了。」

⇨一旦決定性的前提因素被取消，那麼這件事便無從談起了。

◎ 拔牙

牙醫對病人說：「你不要害怕，來來，先喝杯酒鎮靜鎮靜。」過了一會兒後，醫生問他：「你現在覺得如何？」

「現在我倒要看誰還敢拔我的牙？」病人紅著眼惡狠狠地盯著醫生說。

⇨我們眼中的一個因，往往會產生與我們初衷相反的另一個果。事與願違的事情，從來就不是最開始可以被料到的。而我們能做的就是考慮得周全些，再周全些。

◎ 要的就是這個

將軍發現，一個士兵舉止怪異：他總是拿起一張用過的紙，看一看，然後扔到一邊，同時喃喃地說道：「不，我要的不是這個！」將軍命令心理醫生給士兵看病。心理醫生檢查以後寫道：此人有心理障礙，不宜當兵。

士兵拿起診斷書，高興地說：「對了，我要的就是這個！」

⇨經濟學中有個「合理規避原則」。當我們想要拒絕事情或者想要達到自己的目的的時候，利用規則來巧妙地實現，往往比直接對抗會有更好的效果。

◎ 游泳的故事

有兩個男子結伴去游泳，他們害怕出現意外，便問旁邊一個正在釣魚的孩子：「這水裡有鯊魚嗎？」

孩子認真地說：「沒有，絕對沒有！」

話音剛落，兩人已躍至水中。這時，孩子又認真地說：「這裡沒有鯊魚，可是有鱷魚呀！」

⇨對複雜事物的了解與判斷，對突發事件的處置與預防，千萬不能就事論事，否則會遇到新的難題。

◎ 熱情

「擺脫憂鬱，」心理醫生囑咐病人，「讓熱情充滿你每天的生活，熱情滿懷地起床，熱情地告別老婆，然後上班……總之，熱情地去做每一件事。」

一週以後病人又回來了，看起來比過去更加憂鬱，醫生問他是否遵醫囑做了。

「這正是問題所在，」病人答道，「我滿懷熱情地起床、吃飯、然後與妻子熱情的告別，誰知道熱情過頭了……以至於我上班晚了兩個小時，被解雇了。」

⇨「過猶不及」，故事告訴我們做任何事情都要平衡，不能極端。

◎ 一加一等於幾

一家銀行招聘會計主任，面試時只有一道十分簡單的考題：一加一等於多少？所有搶著回答的人均沒有被錄用。只有一個默不作聲的應聘者入選了。原來，他等眾人散去之後，關上房間的門窗，把嘴湊到經理的耳邊問道：「您看應該是多少？」

結果，這個人被錄取了。

⇨處大事者，須深沉詳察；幽默的人，有可能在處事拘謹者未曾想到的地方獲得成功。

◎ 打劫

深夜兩點，一條寂靜的街道盡頭。

「對不起，你也許能告訴我這兒是否有員警？」

「不，這兒沒員警。」

「那麼，是否能在附近很快找到一位員警？」

「我想不會有員警。」

「好了，那麼請您把手錶和錢都給我。」

⇨單純並不是我們值得驕傲的名詞。複雜些，並不是故弄什麼玄虛，也許只是為了保護自己。

◎ 刷門窗

房屋修繕隊的幾個油漆工人來為經理宿舍刷門窗。一小時以後。他們打電話給經理：「頭兒，門和窗戶已經刷好了。門框和窗框還刷嗎？」

⇨做事情的不僅是雙手，還應該有頭腦的參與。

◎ 晚點

鐵道攔路杆前停著一長串汽車。值班員從鐵路崗棚的視窗探出頭，對大家說：「請大家耐心地等一等，剛接到通知，火車要晚點40分鐘。」

⇨一切都不是固定不變的，只有隨機應變才行得通。

◎ 到底誰無聊

甲：「世界上就是有那麼無聊的人……」

乙：「為什麼這麼說？」

甲：「有一個人從早上八點鐘開始釣魚，一直到下午四點，一條也沒釣到……你說無聊不無聊？」

乙：「真夠無聊的……可你是怎麼知道的？」

甲：「因為我從頭一直看到他離開啊！」

⇨只有真正無所事事的人，才會發現別人的無所事事。

◎ 裸體畫

一位夫人到畫商那裡去，想買一幅女性的人物畫。她挑來挑去，總是不滿意。她對畫商抱怨說：「畫家畫的女人，為什麼都是裸體的？」

畫商想了一下說：「穿了衣服就不方便了，因為過了幾個月之後，這些服裝的樣式可能就不流行了。」

⇨「以不變應萬變」是條永不過時的法則，尤其是面對無知的人。

◎ 弄巧成拙

晚宴上，約翰的女祕書喝醉了，約翰只好駕車送她回家。回到自家後，約翰怕妻子不理解，沒將這事告訴妻子。

第二天下午，約翰駕車陪妻子去看電影，猛然間，他發現妻子腳邊有一隻女人皮鞋，他趁妻子眼睛看車窗外的一瞬間，拾起這隻皮鞋將它扔到窗外，這才鬆了口氣。不料，下車的時候妻子轉過頭來，用腳碰了碰約翰，問道：「約翰，你看到我的另一隻鞋子了嗎？」

⇨世上本來就沒有鬼，如果有鬼，也是在你的心中。

◎ 不會失業

有一個人這樣說：「如果把所有的男人放在某一個島上，所有的女人都放在另一個島上，就會解決失業問題。」「為什麼？」「因為人人都忙著造船，沒有一個人會有空閒啊！」

⇨人做事的動力更多地源自於潛意識裡的強烈欲望，善於利用自己合理的欲望，會使你時刻充滿信心與希望。

◎ 不論朝代

兒子：「爸爸，張飛與岳飛比武，誰會打勝？」

爸爸：「當然是張飛。」

媽媽：「張飛與岳飛不在一個朝代，怎麼打得起來？」

哥哥：「嗨，打起來了還論什麼朝代！」

⇨理論上我們可以有無限自由的想像空間；但是現實永遠約束著幻

☑「瑪莉，妳638完事之後，再到647然後是672，686……」

☑「我老姊每次要上班，就裝作一副不認識我的德性！」

想——所以，憑空幻想若作為一種無大意義的心情快慰，倒也無可厚非。不過，我們永遠是活在伸手可觸的現實人間！

◎ 左手吃飯

一天，有個木匠為財主家幹活。吃飯時，財主想捉弄他，有意把筷子擺在碗的左邊。木匠就用左手拿筷子吃，吃得很慢，大半天過去了，還坐在席上。財主急了。木匠笑道：「老爺，對不起，我師傅從沒教過我用左手吃飯。」

⇨「聰明反被聰明誤。」愛耍小聰明的人往往最後吃了啞巴虧。反過來，對待那類愛耍小聰明的人，最好的反擊是——不必拆穿他，而是將計就計。

◎ 明年同歲

有個經營有成的雜貨商新添了一個女兒。一天，朋友來給他的小千金說媒，講明對方只比女孩大一歲。

商人與妻子私下商量這門親事，他說：「女兒剛滿週歲，而那男孩已經兩歲了，比女兒大了一倍。等到女兒20歲出嫁時，他該有40歲了。我們怎能忍心讓閨女嫁給這麼一個老頭子呢？」

他的妻子笑了笑說：「你真夠笨的！現在我們的女兒一歲，明年她不就同那個男孩同歲了嗎？」

⇨「橫看成嶺側成峰，遠近高低各不同。」嘗試著多角度考慮問題，否則，永遠不會認識事情的真相。

◎ 我燒的是廢紙

小王把寫好的稿子放在桌上，出門辦事去了。中午回家，發現桌子已被收拾得乾乾淨淨，那一疊稿子卻不翼而飛。當他聞到一股煙味時，忙問妻子：「老婆，你燒的是什麼？」

妻子回答：「你以為我這麼傻，會把沒用過的紙燒掉嗎？我燒掉的是那些寫過字的廢紙。」

⇨誰都想成為聰明人，哪怕經常一知半解，哪怕一廂情願地認為自己很聰明。但是，很多時候，真正的智慧不是精心算計，而是發現和坦承自己的無知！

◎ 狼的詼諧

藥商是個奸商，人們老是挖苦他，說他吃人喝血。

有一天，他行商回家，經過一條幽暗的山路，忽然從林裡跳出一頭大狼，向他直撲過來，要咬他的喉嚨。

藥商說：「別吃我，我的肉味不好！」

狼說：「味兒不好？人們說你老是吃人，味兒一定很美！」

⇨哪怕你不願意做一個很善良的人，也要為自己留一條後路，要知道有一天你對待別人的方式就是你被對待的方式。

◎ 金口難開

美國第13任總統柯立芝以少言寡語出名，常被人們稱作「沉默的卡爾」。由於柯立芝總統的沉默寡言，許多人便總是以和他多說了幾句話為榮耀。

一次宴會上，坐在柯立芝身旁的一位夫人，千方百計想使柯立芝和她多聊聊。她撒嬌地說：「柯立芝先生，我和別人打了個賭：我一定能從你口中引出三個以上的字眼來呢！」

「你輸了！」柯立芝說道。

⇨無論到哪裡，請保留你的本色，因為唯有本色能給人以記憶。

◎反對到底

富爾頓第一次公開展示他發明的蒸汽船時，沒有人相信這東西動得起來。兩岸群眾不斷鼓噪說：「動不了，動不了，絕對動不了！」沒想到船一下子發動了，夾著蒸汽和鳴聲向前駛去。

群眾張口結舌看了好一會兒後，遂改口說：「停不了，停不了，絕對停不了！」

⇨不受掌聲和噓聲影響的人，才是好演員。

◎瘋子和呆子

一個心理學教授到瘋人院參觀，了解瘋子的生活狀態。一天下來，他覺得這些人瘋瘋癲癲，行事出人意料，可算大開眼界。

想不到準備返回時，發現自己的車胎被人卸掉了。「一定是哪個瘋子幹的！」教授這樣憤憤地想著，動手拿備胎準備裝上。糟了！事情嚴重了。卸車胎的人居然將螺絲也都卸掉了。沒有螺絲，有備胎也裝上不去啊！

教授一籌莫展。在他著急萬分的時候，一個瘋子蹦蹦跳跳地過來了，嘴裡唱著不知名的歡樂歌曲。他發現了困境中的教授，停下來問發生了什麼事。

教授懶得理他，但出於禮貌還是告訴了他。

瘋子哈哈大笑說：「我有辦法！」他從每個輪胎上面卸下了一個螺絲，這樣就拿到三個螺絲將備胎裝了上去。

教授驚奇感激之餘，大為好奇，問道：「請問你是怎麼想到這個辦法的？」

瘋子嘻嘻哈哈地笑道：「我是瘋子，可不是呆子啊！」

⇨其實，世上有許多人，他們發現了工作中的樂趣，總會表現出與常人不一樣的狂熱，讓人難以理解。許多人在笑話他們是瘋子的時，別人說不定還在笑他呆子呢。做人呆呆，處事聰明，乃不失為一種絕佳做人姿態。

◎ Nosmoke.exe

一位先生剛剛從電腦商店裡買了一台電腦。沒幾天，電腦就出現了冒煙現象。他請教了稍懂點電腦的人，別人告訴他去改一下DOS下的批次檔。他試了半天沒成功，於是打商店電話問該怎麼辦，商店的經理說：「您把電腦拿來換一台就行了。」

可這位先生硬是堅持說：「我的朋友說只要把DOS下的批次檔改一下就可以了，何必那麼麻煩。」

商店經理對這個「杠頭」無可奈何，於是便和他開了個玩笑：「那我告訴你一個微軟未公開的技術吧！你在批次檔中加入一行命令NOSOMKE.EXE，這樣就沒事了。」

過了幾天，這位先生又打來電話，說：「不行呀，我加入了那條命令後，電腦還是冒煙。」商店經理說：「你的NOSOMKE版本太低，你與微軟服務部聯繫一下吧。」

又過了幾天，這位可憐人再次打來電話，他告訴店家：「微軟的人說了，我的電腦上的電源與他們的NOSOMKE.EXE不相容！」

⇨如果我們自己願意把自己當成傻瓜，那麼所有的人都會欺騙你。虛心並不是弱點，固執己見才會讓自己受辱。

◎ 打妻

母豬下崽一窩，隻隻肥憨。夫算計指日可市，竊喜。

一日回家，發現消失一隻，問妻。答曰：讓狼叼走。甚怒。又一日歸家，再失一隻。妻曰狼又來矣。遂不敢稍出，果數日無狼患。

夫又遇急事外出，囑妻悉心看護。出村口，忽憶起一事，返回家中。見妻正於廚間忙碌，一臉煙灰不顧。小豬已將熟矣，大怒。打妻。妻一旁啼哭。夫趨前揭開鍋蓋，香味撲鼻，嘗之大喜，連呼好香。妻忙止住啼哭曰：「尚未放薑，放薑更香。」

⇨對一些事物深惡痛絕的同時，又默默地享受著這些事物所帶來的實惠。這時候，你是否還能堅持自己的原則？

◎ 躲債

湯姆來找吉姆要賬，吉姆躲在家裡不敢露面。湯姆見吉姆的鞋放在門旁，知道人一定在家，便上前敲門。可屋裡一點動靜也沒有，他就大聲說：「吉姆，我知道你躲在家裡，你的鞋子還放在門邊呢？」

從裡面傳來一個小小聲音：「不，我可以光著腳出去。」

⇨自以為做的聰明的事，在別人看來也許並不聰明。小聰明總會露大馬腳，做人還是厚道一點為好。

◎ 驚訝

「爸，你能幫我找找最小公分母嗎？」

「什麼，人們還沒找到它？我上學時就已經開始找了！」

⇨有時候我們驚訝的可能並不是事件本身的不可思議，可能只是我們個人的缺憾，讓我們對本來他人習以為常的事情產生了疑惑而已。

◎ 炫富

有一個有錢人去國外旅遊，住在一個大飯店裡。但是，他發現那裡的人都好像不注意他是一個有錢人。於是，用早餐的時候，他故意大聲喊道：「服務員，請來一份20法郎的早餐。」服務員過來後說：「先生，我們這裡不賣半份早餐。」

⇨當一個人過於自以為是的時候，其標新立異的手段就會成為讓他陷入更嚴重的尷尬之中的催化劑。

◎ 自以爲事

女：「親愛的，你真的喜歡我嗎？」

男：「嗯？」

女：「你認為我長得非常漂亮是不是？」

男：「嗯？」

女：「你覺得我的眼睛，像天上的星星那樣明亮。我的容貌，如盛開的櫻花般美麗。體態是如此的輕盈適度。聲音是如此的美妙悅耳，不知要比世界小姐美麗多少倍，是不是？」

男：「嗯？」

女：「哦？真太謝謝你了？你是那麼會讚美，我真高興！」

⇨可以自信，但絕不能自戀，自戀的人必定自憐，也最容易受傷。

◎ 作品參展

「我為畫展畫了點東西。已經掛出來了，就在入口處旁邊最醒目的地方。」

「恭喜你，畫的是什麼？」

「一個箭頭，再加上『由此左轉到會場』幾個字。」

⇨真正有實力的人往往都很安靜，因為他們懂得實力就是最有力的聲音；反而最浮淺的傢伙卻張揚得很，因為他空虛得可憐。

◎ 麻雀

麻雀們在百鳥朝鳳音樂大賽舞臺上，蹦蹦跳跳唧唧喳喳。聽眾道：吵死了。麻雀答：真是沒文化，這是現代最時尚的搖滾勁舞啊！

⇨標新立異沒有錯，但是前提必須是尊重和了解現實的境況。

◎ 病人差勁

有一位醫生，他總不走運，來找他看病的人總是治不好。

他老婆問他道：「我說，你給人看病怎麼總是無效呢？這麼說，你的醫道是很差勁啦。」「不不，我的醫道是高明的。可是病人都差勁，所以治不好。」「具體說，病人怎麼個差勁法呢？」「我是照醫書上寫的施行治療，可是病人們卻不按醫書上寫的那樣生病。」

⇨任何時候事實都是唯一的出發點，否則你就是一個流於空洞的無用的人。

◎ 指示牌

一名婦女漫不經心地將汽車停在禁止停車的指示牌下。

交通警趕忙跑到她的車前，「夫人，您知道這個指示牌是什麼意思嗎？」

「不知道，」婦女回答，「如果你對它有興趣的話，不妨去問問路旁擺攤的老人家，她已經在此擺攤好多年了。」

⇨慣於我行我素的人，大概很少認為自己會有什麼不恰當的地方。

◎ 大智慧

有人勸法國政論家、哲學家馬伯利競選國家研究院院士，馬伯利堅決不肯。他說：「如果我真當選了院士，人們就會說，『哼，他怎麼當選院士了，一定是特權……』但我寧願讓人們說，『他應當是個院士。』」

⇨當名譽和地位不可兼得時，正直的人選擇名譽，貪婪的人選擇地位。所以前者受人景仰，後人遭人唾罵。

◎ 一丘之貉

一個「盲」乞丐在牆角向路人請求施捨。當沒有路人時，他便把地上的硬幣逐個拾起，然後放進衣袋。

「你別裝盲相了！」一個路人識破了他的詭計，憤怒地指責他說：「你根本就不是盲人。」

「是的，先生。我只是來替換每天總是坐在這裡的那個真正的盲人，他今天去看電影了，所以請我來替換他。我實在不是盲人，平常我只是一個啞巴。」

⇨為了掩蓋一個謊言，人往往不得不再說一個謊言。結果陷入謊言的汪洋大海不能自拔，也就無法擺脫永無休止的痛苦和煩惱。人還是真誠一點好，最起碼能得到心靈上寧靜和心理上的平和。

◎乞丐也應有休假的權利

貝爾納脾氣不好，可心地十分善良。曾有個老乞丐摸透了貝爾納的脾氣，每天在某一時間就守在貝爾納的門口，每次都能如願以償。貝爾納實在受不了，可又無法拒絕施捨。終於有一天，貝爾納從錢包裡掏出來的不是往常的小額銀幣，而是一張大票面的鈔票，老乞丐驚喜得不敢相信。貝爾納把鈔票放到老乞丐的帽子裡，對他說：「我明天去諾曼第，要在那兒耽擱兩個月，這錢是預付給你兩個月用的，你也有休假的權利。」

⇨人善之所以被人欺，是因為善良的人不會拒絕。

◎學生的提問

調皮的布朗因上課常開小差，在老師的提問面前總是啞口無言，所以被同學們稱為「不知道先生」。

有一次，布朗想報復一下老師，向老師提問：「我看見一樣東西，沒有手也沒有腳，卻從廚房的地板上溜過，老師，你說那是什麼呢？」

老師想來想去，終於說出了「不知道」。

布朗一本正經解釋道：「那是水。」

⇨智者千慮，必有一失；愚者千慮，必有一得。不要總是嘲笑別人不知道，生活中的事情有很多事你也不知道，謙虛的學習態度是最重要的。

◎ 一堂禮貌課

一位太太上了電車，車上所有的座位都坐滿了。有位先生站起來讓座，這位太太一聲不吭地坐下了。

這時，那位先生轉身問道：「太太，您說什麼？」

「先生，我什麼也沒說呀！」

「喔，對不起，太太，我還以為您說『謝謝』呢。」

⇨一個有修養的人，不但擁有良好的心態與向上的生活觀，同時還是一個懂得感激的人。

◎ 威士忌

有一天晚上，丈夫吃請回來，高興地對妻子說：「今天我們公司的經理請一部分職員吃飯，大家都開懷暢飲，席間，經理拿出三瓶威士忌，對大家說，『在座的諸位，你們誰一生中從沒有背叛過自己的妻子，這三瓶酒就歸他所有』，結果沒有一個舉手，你說奇怪嗎？」妻子聽後好奇地問：「那你怎麼不舉手？」丈夫慌張地說：「你是知道的，我向來喜歡喝啤酒，而不喜歡喝威士忌。」

⇨想得到太多，不滿足於眼前，或者因為其他各種各樣的原因，終於有很多人選擇了不去誠實地面對他人。

◎ 望文生義

洋人：「你們中國人的確是一個勤奮的民族。」

中國人：「怎見得？」

洋人：「每當我早晨經過街道，常常可以看到路旁的招牌寫著『早點』兩個大字，提醒過路上班的人，不要遲到。」

⇨生活的真實並不迴避和矇騙我們，但是為什麼我們常常被生活捉弄呢？因為實在是我們自己很淺薄和無知——所以人生之族還是謙虛和誠懇的進入真實的生活吧！

◎ 請假

某新兵常常請假，請到最後找不到理由，便在單子上寫我媽分娩。班長大怒：你媽分娩是你爸的事！你回去幹什麼？

新兵：喔！我爸爸早前出車禍死了！我那可憐的媽媽，已經守寡七年了……

⇨誠實是人的美德，説謊是一種惡習。而且經常説謊的人往往不能夠自圓其説，總會在某一個時候露出馬腳，那個時候就是謊言被揭穿的時候。

◎ 密碼電報

「這是將軍發來的一封電報。」一個士兵前來報告指揮官的上校，「是發給您個人的，上校。」

「您念吧！」上校命令道。

「我們這次失利首先應歸罪於你的愚蠢與無能！」

「嗯......這是一份密碼電報，立即把它譯出來！」上校嚴肅地下達了指示。

⇨知錯就改，善莫大焉。知道自己的錯誤就勇敢地承認，畏懼錯誤就是毀滅進步，逃避錯誤永遠不可能正確地做事。

◎ 如此軟碟

小張去參觀春季電腦展，逛到世界知名廠商3M的展位前，突然聽到兩個中學生的對話⋯

甲：「哼！騙人！」

乙：「怎麼了？」

甲：「軟碟容量明明只有12M和20M兩種，哪有3M的？」

⇨知之為知之，不知為不知，是知也。對於不知道的事物，我們只有謙虛地去學習，虛心地請教，才能不斷地進步。如果自以為是，反而貽笑方家。

◎ 君子風度

老師問小哈默：「地球是什麼形狀的？」

小哈默答道：「它是圓的。」

「你怎麼知道它是圓的為什麼不是方的？」

「那就算它是方的吧。你是老師，我可不想為了這個引起一場爭論。」

⇨當需要你站出來的時候，不要退縮在後面。當需要表現的時候就要表現，不需要容忍的時候就要努力爭取。君子的風度並不僅僅意味著不爭執。

◎不認自己

里克剛剛由上尉晉升為少校，他急忙換上新制服，對著穿衣鏡照來照去，揚揚自得地問自己的妻子：「你看看鏡子裡是誰？」

妻子使勁地「呸」了一聲說：「你連自己都不認得了！」

⇨謙虛是人的美德，不能因為一點點的進步就沾沾自喜，也不能因為一點點的成績就揚揚自得，要時時刻刻注意保持謙虛的作風。

◎飛機

記者到一個偏僻的鄉村採訪，他望著村外彎彎曲曲的小路問一位老農：「這地方沒來過汽車吧？」老農一聽不滿地說：「哪裡話？連飛機都來過哩！」老農邊說邊朝天空比劃著，「來來往往多少回了，就是沒下來過。」

⇨不要嘲弄別人，三人行必有我師焉，以為別人才疏學淺見識短，便瞧不起別人，這樣的人往往是一個沒有修養的人。

◎腹中空

有個小偷到各個寺院偷盜，偷神物的靈心。去了好多的寺院，只有土地廟沒去。有一天，他來到土地廟，把神像打開一看，吃驚地歎道：「看它頭戴冠巾，一副堂皇的樣子，卻原來腹中空無一物。」

⇨有些人表面上裝得滿腹經綸，實際上沒有任何的學問。不可否認，學問、學歷是身分或檔次的一種外在表現方式，但若是沒有這些，就應潛心、踏實地充實自己的內心。

◎賣弄

有個人極愛賣弄，帶著兒子在街上走，心裡十分得意。迎面碰到一個熟人，不認識他兒子，問他：「這位是誰？」他眉飛色舞地大聲介紹說：「這個人雖然是朝廷極寵愛的吏部尚書的真正外孫的第九代的嫡親女婿，卻是我的兒子。」

⇨顯示自己的優點和特長無可厚非，但超過一定的限度效果會適得其反，賣弄就變成了一種愚蠢的行為。

◎可以殺了牠嗎

「媽媽，我的小烏龜死了。」兒子眼中含著淚水對媽媽說。「別太難過了，我們用紙把牠包上，放在盒子裡埋在後院，再給牠舉行一個葬禮，好嗎？葬禮結束後，媽媽帶你去吃冰淇淋，再給你買那隻你一直吵著要的寵物狗，你不要太……」媽媽正在安慰兒子時，突然發現小烏龜動了一下，「兒子！小烏龜沒有死啊！」

「我可以把牠殺了嗎？」兒子失望地說道。

⇨喜新厭舊也許是人的本性，所謂舊的不去，新的不來。但是我們不能為了得到新的東西而不擇手段，要堅持做人的基本原則。

◎ **示範**

在實彈射擊訓練中，有個士兵連發幾槍都脫了靶。教官怒氣沖沖地奪過士兵的槍，聲色俱厲地說：「笨蛋！你瞧我的！」

他瞄準後射擊，可子彈卻也飛到了靶外。他面不紅氣不喘地轉身向士兵吼道：「看到沒，你就是這樣打的！」

⇨人應當寬以待人嚴於律己，那些對別人嚴格對自己寬容的人是不會有很大進步的，他們只會對別人吹鬍子瞪眼，卻不知道自己也會有失常或不足之處。

第4章

幽默的心態

人的一生不可能一帆風順，不可能事事順心，不可能沒有苦難，也不可能遠離塵世。幽默左右心態，心態決定成功。用幽默使自己樂觀、豁達，讓煩惱和苦悶離你而去；用幽默來激發你的思維活力，使生活多一份味道；用幽默調節你的心緒，幫助你戰勝困境、超越自我、走向成功。

1．幽默是灰心喪氣的剋星

生活中令我們灰心喪氣的事情很多，比如，早上沒有趕上班車或者沒有擠上電梯，這些看似微不足道的小事都有可能令我們煩悶一整天。而煩惱對於尋求快樂的人來說，是很危險的情緒，稍不留意它就可以將我們拖向精神崩潰的邊緣。因此，聰明的人不能不思考解脫之道。

幽默可以改變我們灰暗、消沉的心境，幫助我們找回自信、激情和興致，使我們精神爽朗、心情舒暢。幽默的力量在於調節，它能在領悟全部人生內涵之後，創造新的氣氛，以帶來心理平衡。

美國著名的劇作家考夫曼，20多歲的時候就掙到了一萬多美元，這對於當時的他來說是一筆鉅款。爲了讓這一萬美元產生效益，他接受了自己的朋友、悲劇演員馬克兄弟的建議，把一萬美元全部投資在股票上，而這些股票在一九二九年的經濟大蕭條中全部變成了廢紙。但是，考夫曼卻看得很開，他開玩笑似的說：「馬克兄弟專演悲劇，任何人聽他的話把錢拿去投資，都活該泡湯！」

面對這麼一大筆損失，考夫曼沒有怨天尤人，而是運用了假託埋怨、苦中作樂的方法面對痛苦和困境，不失爲一個樂觀豁達的智者。

有時候痛苦會突如其來，危險會從天而降，這個時候你是否有苦中作樂的從容心態呢？

邁克先生用攢了好幾年的錢好不容易買了一輛汽車。有一次，他教太太開車，車下坡時，煞車突然失靈了。

「我停不下來！」太太尖聲大叫，「我該怎麼辦？」

「禱告吧！親愛的。」邁克先生也大叫，「性命要緊，不過你最好找便宜的東西去撞！」

車撞在路旁的一個鑄鐵垃圾箱上，車頭撞壞了。然而他們爬出車子時，並沒有爲損失了一大筆財產而沮喪，反而爲剛才的一段對話大笑起來。

目睹此事的行人們以爲他們瘋了，或者就是百萬富翁在以離奇的方式尋找刺激。有人走過來問：「你們想把車子撞壞嗎？」邁克先生說：「我太太看見了一隻老鼠，她最怕老鼠，想把牠壓死。」

雖然邁克先生和他的太太撞壞了昂貴的汽車，但是他們卻獲得了更大的財富。幽默可以讓人在危難之時變得豁達和從容，幽默產生的時刻，也正是人的情緒處於坦然開放的時刻。幽默還能幫助別人和自己從煩惱中解脫出來，深具幽默感的人，能夠將別人心中的陰霾一掃而光。

一個日本旅遊團在我國南方某省旅遊，時值梅雨季節，他們覺得很掃興，然而幸運的是他們遇到了一位善解人意，風趣幽默的導遊。導遊在車上說：「你們把雨從日本帶到了中國，可雨在車外；你們把日本的太陽也帶來了，它就在車廂裡。」妙語一出，掌聲一片。其中有位老婦人遊武夷山時，由於裙子被蒺藜劃破，洩氣地坐在了地上。「老人家，您別生氣，」導遊和顏悅色地說，「這是武夷山有情，它請您不要那麼匆忙地離去，叫您多看幾眼呢！」這話疾風般吹散了老人家臉上的愁雲，使她重新恢復了遊興。

我們都熟悉那個永遠樂呵呵的大肚彌勒佛，他的信條是：大肚能容，容天下難容之事；笑口常開，笑世上可笑之人。我們應該學學這位樂觀的智者，在我們遇到煩惱的時候，不妨笑一笑，來點幽默，不要把它看得太嚴重。

2・幽默可以減輕病痛

說幽默可以減輕病痛，也許你認爲有點誇張，不過據美國芝加哥《醫學生活週報》報導，美國一些醫院已經開始雇用「幽默護士」，陪同重病患者看幽默漫畫及談笑，把它作爲心理治療的方法之一。因爲幽默與笑聲，往往可協助病人解除一些病痛。

在實際生活中，當你患病、住院或遭受意外傷害時，幽默的確能夠幫助你減輕痛苦。即使在最簡單的情況下，幽默也能夠幫助你改變生病時的煩悶心情。

這一點你可以向下面這位生病的老婦人學習。她在幽默的訴說中減輕了自己的痛苦，也寬慰了朋友。

有一位老婦人在雪地上滑了一跤，不但左臂骨折，更讓她痛苦的是肩關節脫臼。但她還是能夠笑著對朋友說：「如果你有機會滑跤，寧願跌斷手臂，也要護住你的肩膀。」

的確，疾病對人造成的打擊並不小，但一個有超脫、瀟灑生活態度的人卻不會因此而失去生活的希望和歡樂。

幽默和笑是密不可分的，「笑」是幽默的產物。自古以來我國就有這樣的諺語「笑一笑，十年少」以及「笑口常開，百病不來」。有這樣一個故事，正印證了這些諺語：

古代有一位巡撫，長期患有一種精神憂鬱症，看了許多醫生，都未見效。一天他因公坐船經過山東台兒莊，忽然犯了病，地方官員即推薦一名當地有名的老醫生爲他治療。醫生診脈後說：「你患了月經不調症。」巡撫一聽，頓時大笑，以爲他是老糊塗了。以後他每想起此事，就要大笑一陣，一直以來日子久了，他的病竟然自己好了。

過了幾年，這位巡撫又經過台兒莊，想起那次有病之事，特意來找老醫生，想取笑一番。老醫生說：「你患的是精神憂鬱症，無什麼良藥可治，只有心情愉快，才能恢復健康，我是故意說你患了『月經不調症』，讓你常常發笑。」

人們常說「病由心生」，看來心情不好確實能夠影響健康。最新的醫學研究也發現，笑口常開也可以防治傳染病、頭疼及高血壓等病，可以減輕過度的壓力。因爲幽默的笑聲，可以增強血中的氧分，並刺激體內的內分泌，對抵抗病菌的侵襲有很大幫助。而不愛笑的人，患病機率較高，且一旦生病之後，也常常是重病。

美國作家卡森斯曾擔任《星期六評論》雜誌的編輯。他長期日夜操勞，患了一種嚴重的病——結核體系併發症，這種病的症狀是身體虛弱，行動不便，痛苦萬分。雖然多方求醫，但收穫甚微，不少名醫診斷其爲不治之症。

後來，卡森斯聽從了一位朋友的勸告，在除了必要的藥物治療外，決定採用一種奇特的幽默療法。他搬離了醫院，住進了一家充滿歡樂氣氛的旅館，常常看到一些幽默風趣的喜劇片，和一些風趣幽默的朋友進行交談，聽人們講一些笑話，使自己整天都處於一種輕鬆歡快、無憂無慮的狀態，每天都要笑好幾次。

卡森斯發現，一部10分鐘的喜劇片可以帶給他兩個小時無痛苦的睡眠。他還驚喜地發現，笑可以減輕發炎症狀，而且這種「療法」可持續很久。與此同時，他還輔以適當的營養療法。幾個月後，奇蹟出現了，卡森斯居然恢復了健康。

卡森斯總結自己戰勝病魔的經驗時，開出了一張「幽默處方」，並風趣地取名「卡森斯處方」。

其中有這樣一些內容：「請認清每個人都有內在的康復功能這個事實，具有充實內在的康復能力。利用笑製造一種氣氛，激發自己和周圍人的積極情緒。發展感受愛、希望和信仰的信心，並培養出強烈的生存意志。」

這一處方的核心是以笑來激發生活的力量、生存的意志、康復的能力，進而增強精力，戰勝疾病。

生活經驗和科學研究都證明，身體健康的重要保證是「心樂」。有健康的心理，才會有健康的身體。幽默常在，精神開朗，身體就容易康復；反之，如果憂愁悲傷，委靡不振，疾病就會乘虛而入。這裡有一首《祛病歌》，讓你做參考。

人或生來氣血弱，不會快樂疾病作。

病一作，心要樂，心一樂，病都祛。

心病還須心藥醫，心不快樂空服藥。

且來唱我快樂歌，便是長生不老藥。

3・故作精細「幽默」一把

生活中有些模糊之處，本不需要精細，比如每天吃多少粒米飯，每天走多少步等，這些事情要是也精細統計起來，就顯得十分可笑了。故作精細就是在無須精確計算之處，卻用非常精確的數字表達，或者應該模糊之處卻做了精確劃分。

有一個從未管過自己孩子的統計學家，在妻子要外出買東西時，勉強答應照看一下四個年幼好動的孩子。當妻子回家時，他交給妻子一張紙條，上面寫著：

「擦眼淚11次；繫鞋帶15次；給每個孩子吹玩具氣球各5次；每個氣球的平均壽命10秒鐘；警告孩子不要橫穿馬路26次；孩子堅持要穿過馬路，來回共52次。」

統計學家很精確，因為不精確，他的科學研究就無法進行。可是「精確」成了他的習慣動作，成了他的職業病，所以，即使是在看小孩子這樣的「非科研問題」上，也要進行精確統計，這不僅不協調，也十分可笑。

比爾違反了公司制度，上班時間去理髮，恰巧被經理發現。經理說：「我看見你上班時間在理髮。」

「是的，先生。」比爾平靜地說：「可頭髮是在上班時間長的呀！」

「不全是這樣，有些頭髮是下班以後才長的。」

「先生，您說得好。」比爾客氣地說：「所以我只剪掉了上班時間長的那部分，而下班時間的還留在頭上呀！」

比爾平時肯定是個鬆鬆垮垮、很不嚴謹的人，但是他在這場論辯中卻很嚴謹，很精細。經理的口才實在不高明。比爾說頭髮是在上班時間長的，本是一句詭辯，經理沒有及時指出其謬誤，反倒順著謬誤的思路走下去，說有些頭髮不是上班時間長的。這下可給比爾抓住了話柄，比爾以此推理，精細劃分：有些頭髮是上班時間長的，那麼另一些就是下班時間長的，而我只剪掉了上班時長的頭髮，下班時間長的都留著呢。

比爾把頭髮分爲上班時間長的和下班時間長的，以此來爲自己辯護，精細之中見出其論辯的智慧和幽默。

4．幽默是一顆「開心果」

幽默是一種才華，是一種力量，或者說是人類面對共同的生活困境而創造出來的一種文明。它以愉悅的方式表達人的眞誠、大方和心靈的善良。它像一座橋樑拉近人與人之間的距離，彌補人與人之間的鴻溝，是奮發向上者和希望與他人建立良好關係者不可缺少的東西，也是每一個希望減輕自己人生重擔的人所必須依靠的「拐杖」。

當作爲一名自然人生活在社會中時，你就自覺不自覺地非成爲一名社會人不可，這並非決定於你的意願。固然，幽默的力量不會使你長高或變瘦，不會幫你付清帳單，也不會幫你幹活，但它的確能幫助你解決人際關係中的種種難題。當你希望成爲一個能克服障礙、贏得他人喜歡和信任的人時，千萬別忽視這股神奇的力量。因爲，幽默是你進行社交，進行溝通的橋樑，是一顆隨時隨地讓你開懷的「開心果」。

社交場合，正是幽默力量最活躍的時刻。一些夫婦懂得這樣的訣竅，在赴宴遲到的情況下，夫婦間可以互相推諉，指責對方有責任，像是妻子衣服換了一件又一件，丈夫走錯路了，等等。但是如果把角色對換一下，就會取得更好的具有幽默性的效果。

例如，妻子指著自己的臉，對主人說：「對不起，我們來遲了。都怪它，照鏡子就花了一個小時。」原本有些尷尬的局面，在這位妻子的幽默言語中消失不見了。

發揮你的幽默智慧吧，平息怒氣、消除爭端、擺脫困境。例如，要平息餐桌上的爭論，你不妨這樣來說：「不要吵了。該不會是剛吃下的雞在作怪吧？那可不是鬥雞。」有時爲了達到目的，非得用幽默的力量刺激他人不可。

作家歐希金在他的《夫人》一書中提到，一天晚上，芙蓉製品公司的大亨魯賓斯坦女士在家裡宴請賓客。席間一位客人不斷地批評她說她的祖先燒死了『聖女貞德』。

其他客人聽了都不舒服，幾次想使他換個話題都沒成功。談話越來越令人難以容忍。最後魯賓斯坦女士自己說：「好吧，那件事總得有人來做。」

現代社會生活中，一個人的社交活動已經擴展到了無所不及的範圍。從某種程度上可以說，凡是有人生活的地方，就有社交

活動。同樣，凡有社交活動的地方就少不了幽默和幽默力量，幽默儼然已經成爲我們生活中不可缺少的一部分了。

◎ 不敢不樂

明代有一個孝廉名叫陳琮，性情灑脫。他曾在一個叫二里岡的地方建了一所別墅。這地方在城的北面，別墅前後密密麻麻，排滿了墳墓。

有人到他別墅拜訪後說：「眼睛中每天看的是這些東西，心情肯定不快樂。」而他卻笑道：「不，每天都看這些東西，就使人不敢不快樂！」

⇨你是否快樂，並不取決於外在事物，而是取決於你看待外在事物的心態。

◎ 丑角雙薪

有一次，一個很傲慢的觀眾在演出幕間休息時，走到俄國著名的馬戲丑角杜羅夫身邊譏諷地問道：「小丑先生，您非常受觀眾歡迎吧？」

「還好。」

「是不是想在馬戲班中受歡迎，小丑就必須具有一張又愚蠢又像醜八怪的臉蛋呢？」

「確是如此，」杜羅夫說，「如果我能生一張您那樣的臉蛋的話，我一定能拿到雙薪！」

⇨真正的醜不是指相貌醜陋，也不是因為扮演「丑角」這個角色，而是一種不健康的心態。

◎ 自我消解

克爾從小夢想自己有一輛摩托車。上大學的時候，他終於擁有了一輛摩托車。當天他開車出去時，突然被一輛大卡車撞倒，摩托車全壞了。克爾回到學校，仍然很平靜，同學們都說他人很通達。克爾自嘲地說：「我小時候想，總有一天我會有輛車，看起來，還真的有這麼一天，心滿意足了。」

⇨豁達的心態，是我們面對困難和災難的最好方式。

◎ 作家選擇決鬥的武器

喬治・庫特林，是法國知名的劇作家和幽默作家。有一次，一位自命不凡的年輕作者想一鳴驚人，便寫信給庫特林，藉三個微不足道的理由向他提出決鬥，但這一封信實在上不了枱面，因為字跡潦草，甚至有許多拼寫錯誤。

庫特林很快給他寫了回信：「親愛的先生，因為我是傷害你的一方，該由我來選擇決鬥武器。我要用『正字法』來決鬥。在接到這封信之前你就已經失敗了。」

⇨是否能夠做好一件事情是一回事，態度是否端正又是另外一回事。如果態度不端正，你還沒有開始就已經失敗了。

◎ 舞會上

在用電唱機播放舞曲的舞會上，一個人攜舞伴飛速旋轉。舞伴頭暈目眩以至跌倒在地。「先生，為什麼您要旋轉的這麼快呢？要知道這是慢四步啊！」

「什麼慢四步！」那個人喊了起來：「那唱片上明明寫著一分鐘33轉嘛！」

⇨人生也是一個舞臺，需要每個人找到適合自己的節奏和步調，如此才能跳得精彩和從容。

◎ 餿主意

醫生問患者：「是誰給您出的這個餿主意？告訴您蓖麻油可以治咳嗽？」

「是我的一個朋友。他對我說，我只要喝兩小勺蓖麻油，我就會把咳嗽忘掉了。」（注：蓖麻油為瀉藥）

⇨有時經歷了一種程度更甚的痛苦，人回過頭來時就會發現那些曾經覺得忍無可忍的問題並不是想像中那樣嚴重。

◎ 掉頭髮

「大夫，我總掉頭髮，您說是怎麼回事？」

「一般情況，這是因為焦慮過度所引起的。您說說看，目前您每天總在考慮或擔心什麼問題呢？」

「每天我總在想，最近我的頭髮實在掉得太厲害。」

⇨焦慮的可怕之處在於它帶給人一種壞情緒的惡性循環，要知道，焦慮唯一的能耐就是讓人更加焦慮。

◎ 運氣真好

一個騎自行車的人撞倒了一個行人。

「您的運氣真好啊！」騎車人安慰被撞的。

「你怎麼不害臊！難道你沒看到，我的腿被你撞傷了嗎？」

「不管怎麼說，您的運氣真不錯！今天我休息，我平時是開大卡車的。」

⇨在遇到壞運氣的時候，不妨告訴自己：還好，事情沒有更糟！

◎ 假的好處

甲：「任何假的東西都不會給人帶來好處。」

乙：「你說得不全對，我的假牙給我帶來了莫大的好處。」

⇨如果說假的東西意味著生活中的不完美，那麼，不完美才是人生的真實寫照。在任何工作中，在任何事情上，都難免有不盡如人意的地方，但是只要你懂得享受生活，知道用另外的眼光來看待生活，就會發現，原來的缺陷之處也能衍生出美麗的花朵。

◎ 感謝上帝

一個人發現自己的毛驢丟了，大喊，「感謝您，上帝！」

周圍的人問他：「為什麼你丟了毛驢，還感謝上帝？」他答道，「幸虧我沒騎在上面，要不，連我自己也會丟的。」

⇨換一種角度去看待人生的失意與不幸，對生活時時懷一份感恩的心情，則能使自己永遠保持健康的心態、完美的人格和進取的信念。這不純粹是一種心理安慰，也不是對現實的逃避，更不是阿Q的精神勝利法，而來自對生活的愛與希望。

◎ 奇遇

阿比和阿弟到酒吧買醉，裡面僅有兩個女客人，領頭的阿比忽然跳出來，低聲跟阿弟說道：「快走吧！想不到我太太和情婦都在裡面。」阿弟探頭一看，臉色大變道：「奇怪！我太太和情婦也在那兒呢！」

⇨生活充滿了奇遇和巧合，是天造，抑或人為，並不重要，重要的是要坦蕩做人，用一顆忠誠的心經營婚姻。

◎ 數羊

某人被失眠困擾，於是便求助於醫生。

醫生問：「沒有試著數羊嗎？」

病人一臉無奈地回答：「當然有，當我數到5648隻的時候，剛好天亮……」

⇨簡單就是福，甩掉一切雜念，讓自己的欲望少一點，才是睡得好的秘方……超脫一點吧，心靈原本純潔無瑕！

◎ 哭喪

在一個大富翁的喪禮上，有個年輕人哭得死去活來。

「想開點吧！」旁人安慰他，「他是你的什麼人？」

「不是，」年輕人哭得更厲害了，「就是因為他根本就不是我的什麼人啊……」

⇨生活最會和我們開玩笑，想要的沒有，不在意的卻自來——還是寬慰一下自己吧：不必煩惱，是你的想跑也跑不了；不必徒勞，不是你的想得也得不到！

◎ 力拔山河

老祖父上洗手間的時候，地震了，當人們把他從廢墟中挖出來的時候，他哈哈大笑著：「太有意思了，我一拉馬桶繩子，房子就倒了！」

⇨我們也許無力左右困頓的出現和災難的發生——但是，至少我們還可以操控自己心態的方向盤——未來究竟駛向何處？樂觀和積極向上，才是最明朗的指針！

◎ 幸運

某商店有強盜光顧，第二天，店主對來查案的探員說：「感謝上帝，幸好強盜不是前天晚上而是昨晚來的。」

「這有什麼不同？」探員問。

「昨天早上，我把全部商品降價40%，要是前天晚上來，我的損失可大了。」

⇨事物自身的價值是客觀固有的，人內心的價值是無法衡量的。對於損失而言，樂觀者將其無限降低，悲觀者將其無限擴大。

◎ 診費太貴

心理醫生：「我最近過於急躁，精神過於緊張，必須得找個心理醫生看看。」

朋友：「可是，你不是同行裡最出色的醫生嗎？」

心理醫生：「我知道，可是我的診費太貴了。」

⇨可以很好地解決別人的問題，卻往往解決不了自己的問題。精明強幹的人，也需要一片釋放心靈的空間。

◎ 倒楣

「天啊！你的霜淇淋裡掉進了一隻蚊子！」

「算牠倒楣，牠會被凍死的！」

⇨站在不同的立場，可以得出不同的結論，好事可以變壞事，壞事也可以變好事。最重要的是擁有一份好的心態。

◎ 把狗叫進來

書房裡，吉米在做作業，他爸爸在畫畫。兩人都非常專注。

吉米正抄到有關大雨的幾個形容詞，忽然想起媽媽吩咐過，下雨時要把曬在院子裡的被子收回來。於是，他問父親：「爸爸，外面有沒有下雨？」

爸爸說：「我不知道。但有個辦法很簡便：把狗叫進來，看牠身上濕不濕就知道了。」

⇨專注於某件事情時，常會把其他的事情想得很複雜。其實很簡單：站起來，推開窗，外面就是一片天。

◎ 專注目前

有一位年輕人，到馬戲班拜師，要學習走鋼絲的功夫。

幾個月後，師傅認為年輕人已掌握了基礎技巧，便要年輕人走上鋼絲，正式練習。雖然地面已裝有安全網，可是在十多尺的高臺上，心裡實在戰戰兢兢。走了十多步之後，那年輕人往下看，越看心裡越驚慌，差點失去重心。

就在這時，師傅在地面大聲喝了一聲：「向前看！」

⇨你就是自己的師傅，當面對逆境和挑戰，記得對自己說：「向前看！專注眼前，專注之中有力量。」

◎ 報仇

在馬德里，一場鬥牛賽剛剛結束。在這場比賽中，一位著名的鬥牛士受了重傷，剛剛被抬進醫院不久，他又全身多處纏著繃帶從醫院走了出來。「我一定要報仇！」鬥牛士向聚集在醫院門前的眾多崇拜者大聲疾呼。然後他開始沿街向前走去。人們緊跟著他，不知他要做什麼。

鬥牛士走進了一家酒館，坐在一張桌子旁，然後吩咐侍者：

「給我上兩份特大號的牛排，不要太熟，我不但要吃肉，還要嚼它的血！」

⇨所謂勇氣是直面的抗爭，而不是旁敲側擊的發洩。

◎ 巴爾扎克與小偷

巴爾扎克一生寫了無數作品，卻常常手頭拮据，窮困潦倒。有一天晚上，他正在睡覺，有個小偷爬進他的房間，在他的書櫥裡亂摸。巴爾扎克被驚醒了，但並沒有喊叫，而是悄悄地爬了起來，點亮了燈，平靜地微笑著說：「朋友，別翻了，我白天都不能在書桌裡找到錢，現在天黑了你就更別想找到啦！」

⇨面對生活的困窘而堅持自己聖潔的追求，並保持著足夠的樂觀和心靈的平靜，這就是偉人超越凡人之處。

◎ 負數

數學家、生物學家和物理學家坐在街頭咖啡館裡，看著人們從街對面的一間房子走進走出。他們先看到兩個人進去，一會兒之後，他們又看到三個人出來。

☑「藝術殿堂」

物理學家：「測量不夠準確。」

生物學家：「他們進行了繁殖。」

數學家：「如果現在再進去一個人，那房子就空了。」

⇨一些簡單的問題，何必搞得那麼複雜？

◎ 綠燈時我們總是第一個

一個人搭了輛計程車到一個郊區不大熟悉的地方。

一路上，他和司機有說有笑。但不知為什麼，一路上連續遇到五、六個紅燈。眼看快到路口了，又碰到了一個紅燈。這個人隨口嘟囔著：「真倒楣！一路都碰到紅燈，就是差那一步。」

司機轉過頭，露出一個很自信的笑容：「不會啊！上帝很公平，綠燈時我們總是很幸運地第一個走啊！」

⇨你的人生旅途，可以看見紅燈也可以看見綠燈。紅燈是讓我們停下來思考和欣賞的，人生旅途並不是一味地往前衝。紅燈時可以駐足觀賞，綠燈時可以一如既往，人生旅途，應如此面對。

◎ 逮野鴨

「怎樣才能逮住野鴨子呢？」

「去市場買一隻，在家裡養半年，到時就好逮了……」

⇨完成一件事情，最大的喜悅應該來自於對困難的克服。如果為追求結果而繞開難點，即使最終做到了也已沒有了最初的意義。

◎ 答覆

父親要出遠門，臨走前對有點傻的兒子說：「如果有人來問

『令尊在家嗎？』你便答覆因事出門了，你要是記不住，就看看這張條子。」

父親走了三天無人來訪，兒子就把紙條隨手扔了。

第四天，有客臨門問：「令尊在家嗎？」

兒子在懷裡找了半天，找不到父親留下的條子，就自言自語道：「沒了。」

客人吃了一驚，忙問道：「怎麼沒了？」

兒子道：「昨晚被我扔了！」

⇨情緒上的焦慮和不安總是讓我們忽略了正在面臨的問題。所以，處亂而不驚是才是解決問題的必要前提。

◎ 不便直說

一辦事員叫住老闆，不安地說：「董事長，我猜是您夫人的電話。」「猜？你為什麼會這樣猜呢！」辦事員更加窘迫，結結巴巴地說：「來電的女人說，讓那個老王八蛋……老混蛋來聽電話……」

⇨當我們得到一個似是而非的答案時，最好不要迫切地追究真相，也許那正是我們最不想知道的。

◎ 果斷回答

一位年輕軍官想打個電話，但他沒有零錢。於是他攔住一位過路的士官：「你手頭有沒有零錢？上士。」「我找找看。」士官伸手去掏他的錢包。「你是這樣回答少尉的嗎？重來一遍。你手頭有沒有零錢？上士！」「報告長官，沒有！」這次士官十分

果斷地答道。

⇨凡事欲速則不達。當你越是著急做一件事情的時候，你距離目標就越遠，心平氣和地去做，可能會事半功倍。

◎ 軍訓趣事

軍訓時，夜裡常有緊急集合。今天又傳來了夜裡集合的消息。大家嚴陣以待，都在床上假寐到深夜。凌晨兩點時，一聲長鳴劃破夜空，於是穿衣的穿衣，疊被的疊被，大家匆匆來到操場上，卻不見教官的身影。正當大家疑惑之際，二樓一個學生探出頭說：「各位對不起，泡麵的水開了！」

⇨緊張的時候最容易忙中出錯。當你的情緒處在緊張的狀態中，每一根心弦都繃得很緊的時候，就是你最容易出錯的時候。

◎ 了解和親昵

在阿曼戰役之前夕，邱吉爾召見了他的得力將領蒙哥馬利將軍。在談話中，邱吉爾提議他應該研究一下邏輯。疆場勇士蒙哥馬利擔心自己會陷入糾纏不清的邏輯命題中，便找了個藉口推託。他對邱吉爾說：「首相先生，你知道，有句話說：『了解和親昵會產生輕蔑。』也許我越是研究邏輯，便會越加輕視它。」

邱吉爾取下煙斗說：「不過我要提醒你，沒有一定程度的了解和親昵，什麼也不會產生出來的。」

⇨「絕知此事要躬行」。在對一件事物了解之前，不要武斷地表達自己的好惡，因為你根本沒有資格。

◎「禮」尚往來

克妮莉亞・奧提斯・斯金納，美國影星和作家，出演過多部名劇，廣泛受到歡迎。她與蕭伯納的口舌之爭讓人難忘。

那還是在她年輕的時候，斯金納出演蕭伯納戲劇《康蒂妲》的主角，她早有名聲，在這次演出中更是登峰造極。演出結束後，蕭伯納發來了電報：「最好的，最偉大的。」

女演員看了好高興，便很謙虛地回電：「這麼高的榮譽，簡直言過其實，不值得一提。」

第二天，蕭伯納又發來了電報：「我指的是劇本。」

斯金納小姐也迅速地回電說：「我指的也是那個東西。」

⇨不要把底牌過早地擺在你的對手面前，這樣，你什麼時候都會有反擊的餘地。

◎ 過去的好時光

一天下午一個年輕人在高爾夫球場準備開球，這時過來一個年老的紳士，詢問是否可以和他一起打幾杆。因為年輕人是獨自一個，就爽快地答應了。開球以後，老人打的一點也不賴，雖然球擊得不很遠，但卻是扎扎實實地前進，幾乎沒有浪費時間。當他們來到第九洞前時，年輕人看到一棵枝繁葉盛的大樹擋住了球路。年輕人反覆觀察測量，想找出避開大樹的方法。

幾分鐘後，老人開了腔：「年輕人，知道嗎？我在你的那個年紀，就會狠命一擊，把球從樹頂上打過去。」

被老人一激，年輕人玩命揮杆，向球擊去。不幸，球直接飛進了樹冠，然後掉下地面，又滾到了眼前。這時，老人又說道回

「當然了，我在的那個年紀的時候，這棵樹只有兩公尺高。」

⇨容易衝動是年輕人的通病，衝動必然考慮不周，易犯錯誤。能克服這點，保持冷靜的人立刻會成為同齡中的佼佼者。

◎ 忙中出錯

董事長為參加宴會，在公司門口急急忙忙地跳上一輛計程車，同時大聲說：「我要趕時間，開快點！只剩下20分鐘了！」說完便打開手上的晚報來看。一直看了十幾分鐘，他才抬起頭來，一看，車子還在公司門口，他大為生氣，正要找司機發火時，才發現車上根本沒有司機。

⇨越是忙的時候越要保持冷靜，不能犯錯，否則就真的應驗了那句老話——欲速則不達。

◎ 誤會

有一小型飛機中途引擎失靈，駕駛員在一條人車稀少的州公路降落。駕駛員跳出來向唯一看到的一輛汽車走去，希望能搭便車到最近的出口。這輛汽車緩慢地停在路旁，坐在駕駛座的女人探出頭緊張地說道：「我會馬上開走的，先生，只要你告訴我怎麼回到公路上。我會把車子儘快開離飛機場的！」

⇨越是在陌生的環境，越是要保持冷靜的頭腦。不要慌張，而隨便選錯了參照物。

◎ 得來不易

被告人向他的辯護律師許諾說：「如果你有本事使我可以只

蹲半年監獄，那麼你將得到額外的一千塊錢酬金。」最後，被告人終於如願以償了。

律師一邊收錢、一邊對身邊的同伴說：「這可真是棘手的工作，本來法官們已經決定判他無罪釋放了……」

⇨有時候，妄下斷言和結論往往會把事情弄得更糟。

◎ 惡毒的語言

法官：「他在打你以前，你有沒有設法阻止他？」

原告：「有啊！我用各種最惡毒最難聽的語言去阻止他，可是他仍然狠狠地揍了我一頓。」

⇨用油澆火，只會使火燃燒得更加熱烈。不要妄圖以為惡毒的語言只屬於道德的範疇，只要它足夠嚴重，等待你的，將會是侮辱、誹謗的罪名。

◎ 順序有誤

在某外交官的晚宴上，一位剛到美國的法國外交官有點局促不安，因為每個人都要站起來講幾句話，但是他的英語實在不行。先有貴賓說：「我們來敬東半球的女性一杯。」後來又有人敬西半球的女性一杯。輪到那法國外交官講話時，他站起來說：「各位，讓我們為女性的兩個球乾杯吧！」

⇨當你不是很有把握的時候，真的不要魯莽從事。要知道，適當的謙卑比逞強裝懂更能讓人接受。

◎ 責怪

經理責怪祕書：「誰讓你把我寫字枱上的灰擦掉呢？我在那上面記了好幾個電話號碼，現在一個也找不見了。」

⇨我們在指責別人的同時，是否應該自己需要先想一想，也許自己一開始就已經錯了。

◎ IBM和波音777

波音777是有史以來第一架完全在電腦虛擬實境中設計製造的飛機，所用的設備完全由IBM公司所提供。

試飛前，波音公司的總裁非常熱情地邀請IBM的技術主管去參加試飛，可那位主管卻說道：「啊，非常榮幸，可惜那天是我妻子的生日，所以……」

波音公司的總裁一聽就生氣了：「膽小鬼，我還沒告訴你試飛的日期呢！」。

⇨沒有弄明白整個情況之前，不要過早的暴露自己的想法，讓自己陷於被動。

◎ 確認身分

一名漂亮的女孩去銀行兌付支票。工作人員對她說：「好的，不過必須先要確認一下您的身分。」

這名漂亮的女孩照了照鏡子，點頭說道：「對，這是我？」

⇨在搞清楚問題之前，最好不要冒失，武斷的採取行動——不如確認一下問題的關鍵所在！

◎ 不划算

在一次宴會上，一位火箭專家熱情地向朋友們宣告：「最近，我們將把幾隻老鼠送到一個遙遠的星球去。」

話音未落，一位女士插嘴說：「喲，這樣消滅老鼠，不是太花錢了嗎？」

⇨當我們面臨著一場與慣常情形不同的情形時，唯一該做的就是附帶思考的觀察與總結。不要任由自己的慣常思維脫口而出。

◎ 難以從命

愛發牢騷的老頭布朗先生老是抱怨他的髮型，一次剛理完髮，他向理髮師說：「我要我的頭髮從中間分開。」

「我不能這麼做，先生。」理髮師說。

「為什麼？」布朗先生咆哮道。

「因為您的頭髮是奇數的，無法均勻分開。」

⇨無來由的抱怨久了的時候，並不是我們的發洩得到了最完全的體現。相反，事情的結果往往就是他人於慣常中輕易地尋找到了足以讓我們更抱怨的方法，並以此來攻擊我們。

◎ 新兵跳傘

新兵在接受跳傘訓練。第一次，新兵都心驚膽戰，不敢往下跳，教官便抓起一個新兵從飛機上扔了下去。當抓到第四個士兵時，那位士兵掙扎著，教官不容他說話，也把他扔下去了。

這時，其餘的新兵笑了起來。

教官訓斥道：「笑什麼？膽小的傢伙！」

其中一個新兵解釋道：「你把駕駛員扔下去了。」

⇨在沒有弄清楚事實的情況下，切忌衝動地做出決定，否則出現上述教官那樣荒唐的行為時，後悔為時已晚。

◎ 兩個傻瓜

火車準備開動，三位男士匆匆忙忙跑向月臺，發現火車已經開始啟動，這三個男士便沿著月臺箭步追趕上去。

跑在最前面的兩個人終於在最後一刻跳上了車廂，剩下一個真的追不上了，只好停步下來，看著火車緩緩離去。

突然，那人哈哈大笑。月臺工作人員不解地問：「先生，你趕不上火車還有什麼好笑的？」

「不是啦！」那人邊笑邊說：「要搭火車的是我，而不是那兩個傢伙，他們只是來送行的。」

⇨不必焦急，是你的想跑也跑不了；不是你的想得也得不到！

◎ 英雄氣短

一位太太把支票遞給銀行的櫃台人員並難為情地說道：「對不起，我丈夫的簽字有點兒歪曲。我沒想到，他見我拿著手槍，會嚇成那個樣子……」

⇨我們想要獲得的東西，在我們不惜一切將要獲得的時候，總是很容易將那種可能並不高明甚至被禁止的獲得手段於將要勝利的亢奮中不經意間告知他人，並因此而使我們遠離了想要的結果。

◎ 高雅的宮殿何人去

伊薩克·巴羅·雪（一六三〇～一六七七年）是英國著名的數學家，曾任劍橋大學數學教授，對幾何學頗有建樹。他還是位名教士，著有大量久負盛名的佈道文。他為人謙和可親，然而卻與當時的國王查理二世的寵臣羅切斯特伯爵結下了難解之仇，只要遇到一起，終免不了舌戰。

據說，羅切斯特曾將巴羅教士譏為「一座發霉的神學院」。

某日，巴羅為國王作祈禱後與羅切斯特狹路相逢。羅切斯特向巴羅深深地鞠了一躬後，語帶譏諷地說：「博士，請您幫我繫上鞋帶。」

巴羅答道：「我請您躺到地上去，爵爺。」

「博士，我請您到地獄的中心去。」

「爵爺，我請您站在我對面。」

「博士，我請您到地獄的最深層去。」

「不敢，爵爺，這樣高雅的宮殿，應留給您這樣有身分的人啊！」說完，巴羅聳聳肩走開了。

⇨唇槍舌劍也需要技巧，毫無目的的謾罵和諷刺往往不得要領，甚至會由於理智不清、情緒高漲而被對方抓住弱點和破綻。

◎ 你叫什麼名字

一次老亞歷山大偕同妻子出國。在海關邊防檢查護照時，承辦人問說他妻子叫什麼名字。

剎那間，他老人家卻怎麼也記不起來她叫什麼。承辦人懷疑地看著亞歷山大。正在這時，他的妻子進了隔壁的檢查通道，亞歷山大馬上對她說：「卡佳！看在上帝的面上，到底你叫什麼名字來著？」

⇨生活中經常有這樣一種現象：如果過於熟悉一種事物，總是讓我們於情急中對它的記憶一片空白。

◎ 廣告

在美國某城市的大街上貼著一張廣告：「如果你給我寄來一百美元，那麼我就告訴你得到一千美元的辦法……」有人真的寄去了一百美元，得的回答是：「你找十個像你這樣的傻瓜！」

⇨在誘惑面前，要學會保持冷靜、清醒的頭腦，否則你可能得到的收益只能是一花錢買教訓。

◎ 回家之路

員警看見一個醉鬼摸著一個大木桶的邊在繞圈子，便說：「先生，你怎麼啦？」

「沒事！我回家，這木頭圍欄的盡頭就是我的家。」

⇨我們是不是也時常走進人性弱點的死角，即使碰得頭破血流也不願回頭？所謂山重水盡疑無路，柳暗花明又一村——還是冷靜和變通一下吧！

◎ 報警

一天深夜，值勤的警官羅伯特接到一個報警電話。打電話的男人自稱在他第十三街區，當他從夜總會出來後，發覺自己車裡的方向盤、剎車、加速器等等都讓小偷給卸去了。

羅伯特表示立刻前往出事地點。就在他開動巡邏車準備出發的瞬間，電話鈴又響了起來，羅伯特只好下車再拿起電話筒。

打電話的仍是剛才那位報警的男人：「實在對不起，先生，您用不著來。我喝多了，剛才一陣冷風吹來，我才發現自己原來是坐在車內的後排座位上。」

⇨當我們發現自己一無所有的時候，可能並不是事實的真相。讓自己冷靜下來，也許你會發現，一切還是老樣子。在自己的森林中迷路，並不代表你失去了屬於你自己的森林。

◎日行一善

一天，一位老先生沿街緩慢地行走，看見一個小男孩正要按一個門鈴，但門鈴太高，他按不到。老先生心地善良，就停下腳步對孩子說：「我來給你按鈴吧。」然後他使勁兒按鈴，整個房子裡的人都聽到了鈴聲。

那個小孩對老先生說：「現在咱們快逃走吧，快！」

老先生：「……」

⇨看到困境中的人，即使你懷著善良的心願，最好也要搞清楚怎麼回事再付諸行動。

◎結婚禮物

一對剛結婚不久的夫妻，有一天妻子的摯友海倫到他們家吃飯，不知怎麼著弄斷一根叉子。妻子正在處理時丈夫安慰海倫道：「海倫，不要太在意，那套餐具是便宜的爛貨。」

妻子立刻回頭大叫道：「那是海倫送我們的結婚禮物啊！」

⇨生活中經常有好心辦錯事的情況，原因就是我們太輕易發表意見，太衝動去行動。三思而後行，才能行之有效。

◎ 近視

一個近視眼看見高高的杆子上掛著一塊牌子。他瞅了半天也沒看清上面寫的什麼內容，索性爬了上去，一直爬到一個窗臺上，靠近牌子，仔細一瞧，原來上面寫的是：「小心油漆！」

⇨不要隨便就滿足自己盲目的好奇心，當你看清楚那其實是一個陷阱的時候，很可能已經晚了。

◎ 魚死網破

生產隊有一位社員種了一株南瓜，幾個月來辛辛苦苦栽培，可結的頭一個南瓜就被人偷摘去了。種瓜者一見火冒三丈，盛怒之下，用鐮刀把這鬱鬱蔥蔥的南瓜株劈得粉身碎骨，邊劈還邊罵：「種瓜吃不到，大家都不要。」

⇨不勞而獲的竊賊是應該受到譴責的，但因丟蛋而殺雞的做法明智與否也值得商榷：盜賊是可防可捉的，丟了瓜也還是可以再長的，僅因丟了一個瓜而逞一時之氣，把盛花期的瓜株毀滅，豈不可惜？

◎ 馬、鹿與人

一匹馬找到一塊豐美的草地，常到這裡飽餐一頓。後來，有一隻鹿也發現了這個祕密，趁馬不在時，也跑來吃點草。馬發現了這件事，覺著鹿侵佔了自己的利益，想報復鹿，但自己又無能為力，就請人來幫忙。人說：「我也沒辦法，除非你套上轡頭，我騎上你，才能追上牠，懲罰牠。」

人騎著馬，懲罰了鹿。之後，便把馬拴在了槽頭。這時，馬才醒悟過來，長歎道：「我真傻，為著一點小事而圖報復，反而使自己淪為奴隸。」

⇨逞一時意氣之快，睚眥之怨本就不可取，為了打擊報復對方又不擇手段，終會讓自己付出沉重代價。

◎ 笨蛋

一次，英國首相邱吉爾在公開場合演講，有人從台下遞上一張紙條，上面只寫了兩個字「笨蛋」。邱吉爾知道台下有反對他的人等著看他出醜，便神色從容地對大家說：「剛才我收到一封信，可惜寫信人只記得署名，而忘了寫內容。」

⇨成功的人往往不是最聰明的，而是能夠控制自己情緒的人。控制自己的情緒，你才可能控制自己的未來。

第5章 幽默的力量

與世界上所有的力量一樣，幽默的力量也不是萬能的。可是，幽默的力量對你的生活確有實實在在的幫助。它幫助你以新的眼光看待周圍的環境和個人的生活，幫助你正視並恰當地估計和應付那些困擾你的難題，幫助你同他人的關係充滿溫暖與和諧，幫助你把許多的不可能變爲可能……

1．保持一顆平常心

現代社會環境瞬間變化，速度效率急遽加快，因而現代人時常感受到一種莫名的心理壓力和焦慮，而幽默是最好的「減壓閥」。它不僅能使你的心情變得輕鬆愉悅，談笑風生，笑口常開，而且有助於你交際中左右逢源，事業成功。不少有眼光、有見識的公司高階主管，都喜歡選用那些能自我解嘲、改善環境、創造歡樂氣氛的人。因爲這些人容易取得人們的信任，人們也就樂於接受他們的看法和他們推銷的產品。

英國著名的天文學家詹姆斯・布拉法萊，被任命爲英國格林尼治天文臺台長時，英國女王看他的薪水低，要給他增加薪水，他懇求說：「如果這個職位，一旦可以帶來大量收入，那麼以後來到這個職位的人，將不再是天文學家了。」

這句不乏幽默、語重心長的話語，是這位科學家數十年飽經滄桑的閱歷的總結，他目睹了人間無數的興衰榮辱，研究了金錢對人們的腐蝕，才得到了這個有趣的、富有哲理性的結論。

義大利著名作曲家羅西尼聽人說，他的一批有錢的愛慕者，準備在法國爲他建一座雕像。

感動之餘，他問道：「他們準備花多少錢？」

「聽說是一千萬法郎吧。」

「一千萬法郎，」羅西尼大爲吃驚，「如果他們肯給我五百萬法郎，我願意天天親自去站在雕像的底座上！」

從上述兩個例子來看，詹姆斯・布拉法萊的幽默，似乎對英國格林尼治天文臺台長的職位很看重，而羅西尼的幽默又貌似看重五百萬法郎，實際上都表達了天文學家和作曲家對職位和雕像的「淡漠態度」。正是出於對金錢的輕視，布拉法萊才會有這等幽默；同樣，如果羅西尼沒有這樣的謙恭，而是對用一千萬法郎做雕像欣喜若狂，也絕不會有如此這般的幽默的。

2．對成績和榮譽泰然處之

許多很有成就的人物都用他們的幽默語言，泰然對待榮譽，成爲典範。

有人問做出過不平凡業績的林肯，對於當總統的感受。

林肯說：「你一定聽說過一個故事，有個人被全身塗滿焦油並且插上羽毛，然後裝到火車上被運往外地。人們問他感覺如何，那個人說要不是爲了這事的榮譽，我寧願下車步行。」

美國著名小說家福克納，在一九四九年獲諾貝爾文學獎時的演說中說道：「我感到這份獎金不是授予我個人而是授予我的工作的——授予我一生從事關於人類精神的嘔心瀝血的工作。我從事這項工作，不是爲名，更不是爲利，而是爲了從人的精神材料中，創造出一些從前不曾有過的東西。因此，這份獎金只不過是托我保管而已。爲這份獎金的錢找到與獎金原來的目的和意義相稱的用途並不難。但我還想爲獎金的榮譽找到承受者。」

女友到居里夫人家做客，忽見她的小女兒正拿著英國皇家協會剛獎給她的一枚金質獎章在玩，不禁一驚，忙問：「居里夫人，這樣一枚極高榮譽的獎章，你怎麼能給孩子玩呢？」居里夫人卻笑了笑說：「我是想讓孩子們從小就知道，榮譽就像玩具，只能玩玩而已，絕不能永遠守著它，否則就將一事無成。」

這正體現出契訶夫說的：「對自己不滿足，是任何眞正有天才的人的根本特徵。」

魯迅先生也曾說過一句名言：「哪裡是什麼天才呢，我連別人喝咖啡的時間，都要用在我的工作上。」

這些名人、偉人，由於他們都以幽默的力量、澹泊的態度來對待自己的榮譽，故他們的形象在人們的腦海裡是不能磨滅的。

許多成功人士，對榮譽也能泰然處之。

黃先生在一家大企業公司負責祕書科的工作，頗有成績。前不久，他所在的公司與另一公司合併，而他卻在人事變動的波浪中沉浮不定。新的同事對他了解不多，因此同事之間冷淡如水。直到有一天，黃先生運用了幽默的力量，才改變了人際關係。他說道：「他們不敢把我革職，」接著，他又解釋說：「因爲凡事我都遠遠落在許多人後。」聽著，大家都開懷地笑了。就這樣，黃先生對自己過去的成績和榮譽泰然處之，仍取笑自己，使新同事和他一起笑，幫助他與同事們建立友善、合作的關係。

3．幽默助你排憂解難

幽默，最重要的是幫助我們解除工作中的緊張狀態，說明解決生活中的難題。

在一個大城市的市郊，有一個頗具規模的化工廠，他們終年生產一種化學產品，從煙囪裡排出了大量的煙和灰塵，使臨近的幾家企業飽受煙和灰塵之苦。在一次他們接連加班生產的時候，隔壁一家工廠的廠長半開玩笑地說：「他們生產這麼忙，如何處理這些煙和灰塵呢？」化工廠的廠長也半開玩笑地說：「我們打算將煙筒加高二分之一，與此同時，我將還向包裝廠訂製一個特大的塑膠袋，並用直升機把袋子吊到煙囪的上空罩下來。」兩位廠長各帶幽默的話語，使他們互相取得了諒解，一道哈哈大笑起來，緊張的心情便漸漸地舒展開來了。

當我們跟別人開玩笑，同別人一同笑的時候，幽默就在互相之間得到了交流。我們應當把輕鬆愉快、誠懇坦率、同甘共苦的態度送給他們。只要我們稍稍留意，就會發現我們的工作中存在著許多不易爲人察覺的幽默故事。

在工作中，有時我們需要肯定地堅持自己的觀點，過分的忍耐對工作並沒有好處，所以除知道息事寧人之外，在某種情況下適當地抱怨幾句，對解決問題更有利，特別是你心中憋著一大堆話時，當然不要忘記採用幽默的方式。

職工、師生抱怨食堂伙食差，還有人罵了食堂負責人，可這位負責人風趣地說：「耶穌用五個餅和兩條魚就能讓眾人吃飽，眞不可思議，可我們這裡每天已有三十樣菜，五千斤米飯，一千五百個包子，現在不知都哪裡去了。」

著名導演希區考克在執導一部影片時，有位女明星老是向他提出攝影角度問題，她左一次右一次地告訴希區考克，一定要從她最好的一面來拍攝。「很抱歉，我做不到！」希區考克回答，「我們拍不到你最好的一面，因爲你把它放在椅子上了。」在場的人都笑彎了腰。

上級與下級之間的幽默交流應當有利於工作的進展，否則就是無聊的玩笑了。明智的人是會注意將幽默引向促進工作的軌道上的。這樣的例子層出不窮：

「我們的銷售量在圖表中上升到了前所未有的高度，不過這圖是倒過來看的。」銷售科長對一群業務員說。

「祕書說我這個人過於固執。因爲我常說：不信，我的姓讓你倒過來寫。」公司一位姓王的領導人如此感歎道。

發揮幽默的力量去鼓勵別人，幫助他們取得更大的成就，你可以把重大的責任託付於人，減輕你的負擔，以便你更主動、更自由地發揮你的創新精神，在事業上有所建樹。

4·幽默替你減輕痛苦

以輕鬆的態度面對自己，以嚴肅的態度面對人生。如果反其道爲之，我們就有煩惱了。不成熟的個性常常在於視自己爲人際交往中的核心，而成熟則伴隨著視自己和群體有合適的關係。

二十世紀50年代有一個相聲，說的是有一個人患了盲腸炎，醫生給他開刀，把盲腸割去了。患者傷痊癒後，小腹仍時時作痛，經檢查，原來是醫生把手術剪刀留在裡面了，於是重新開刀。事後，病人仍感腹中氣脹，經檢查，原來是紗布又遺忘在腹中了，遂又開刀。於是，病人對醫生說：「你還不如在我的肚子上裝個拉鍊更方便！」

要化痛苦爲幽默，關鍵在於進入一種假設性的、沒有生理痛苦的境界。有了這一點，一切不相干的東西就會因有一點相關而突然變得一致了。

當然，幽默醫治的範圍不僅僅限於生理上的痛苦，有時可以是心理上的痛苦。如果能把心理的痛苦忍住，則不難把不相同的東西扯到一起，甚至合二爲一，使之產生諧趣。

通常人們在痛苦的環境中之所以不能充分地擁有幽默，究其原因，主要有兩點。

第一，幽默要求人們忘卻眼前現實的嚴峻性，而這是違反人的基本特性的，即使是假定性的忘卻，也是很困難的。

第二，幽默要求人們把性質不同的東西不動聲色地混同起來，哪怕是口頭上混同起來，而這也是很困難的。

人們學會講話和思考的基本法則，就是把不同的事物概念和語言區別開來，而幽默似乎要把人們日常的生活語言和正常思維搞亂了才成。

如果你不能服從於幽默的談吐和思維的規範，那麼你就只能把自己關在幽默的大門之外了。

5．幽默使你更健康

每個人的生活，都不是一帆風順的。因此遇到痛苦、挫折也是常有的事。眾所周知，一些帶普遍性的社會性問題，如物價上漲、交通擁擠、薪水不高等等，會使人感到焦慮和不安。此外，我們自身也有一些難以解決的問題，如青年人感到徬徨；中年人工作、家庭負擔重，健康狀況成問題；老年人無人照顧，同青年人有代溝，內心有孤獨感。如果我們能很好地使用幽默的力量，就可以明白你所憂慮的事情，並不一定是人生路上最大的事。

我國有一句諺語「笑一笑，十年少」。可見，笑對於人類有益無害。幽默，作爲笑的媒介，會引起人們發笑。

如有一篇名爲《擠車的訣竅》的諷刺小品，寫得風趣又不淺薄，讓我們來欣賞其中精彩的片段：

儘管車輛增加，修建地鐵，擴展環行路……可哪裡趕得上人生的快！於是，上、下班乘車，就成了一門「學問」。

先說上車，車來時，上策爲「搶位」——猶如球場上的「搶點」。精確計算位置，車門停在身邊，可收「先據要津」之利，當然，必須頂住！此中訣竅：上身傾向來車方向，穩住下盤，千萬莫被隨車湧來的人流沖走（好在你身後還有助力之人）。

中策則爲「貼邊」。外行正對車門，擁來晃去，枉費心力。尤其是北京不同於外地，哈爾濱上車是「能者爲王」，上海人多少顧及顏面，但動輒大呼小叫，使你無心戀戰。北京人又要講點風格，又要趕緊上車，車門前便非好去處。你是否注意過：售票員洗車，從來無須擦車門兩旁——那裡全被精明的擠車人蹭得一乾二淨了！貼住邊，扮出一副泰然自若的樣子，一點一點把「無根基」者拱開，只要一抓住車門，你就贏了。

下策呢，可稱「掛搭」。一般人，見車門內外齜牙咧嘴之慘狀，早已退避三舍了。司機呢，只要車門關不上，也不敢貿然開車。這時，你將足尖嵌入車門（萬勿先進腦袋），而後緊靠門

邊，往裡「鼓擁」，自可奏效……

看到這段話，凡擠過車的人都會捧腹大笑。作者觀察仔細，對各地的風情了解得清清楚楚，使閱讀的身臨其境，遣詞造句既得體又幽默風趣，使人既了解北京的擠車之難，又能以輕鬆的心境對待之，消除憂患，實在是十分巧妙。

多數人都感覺到年齡漸長等問題，也是難以解脫的煩惱，讓我們看看應怎樣以幽默來對待這個難題。

著名演說家羅伯特說：「我爭取在最年輕的時候死去。」他不論在私下還是在公共場合，都把年齡看得很輕，以一顆年輕並富有趣味的心而出名。因此，在他70歲生日那天，他還簽了一個爲期五年的演講合同。

幽默就是這樣，讓人心胸開闊，延年益壽。

6．幽默能夠大事化小

法國哲學家伏爾泰有一個很忠實的小僕人，可他有點懶惰。一天，伏爾泰對他說：「塞夫，去把我的鞋拿來。」僕人趕忙殷勤地把鞋拿來了。伏爾泰一看驚呆了：鞋上仍然佈滿昨天出門時沾的泥跡塵埃！

他問道：「你怎麼早晨忘記把它擦擦？」

「用不著，先生。」塞夫平靜地回答他：「路上盡是泥濘污濁，兩小時以後，您的鞋不又要和現在一樣髒嗎？」

伏爾泰微笑著走出門。僕人在他身後跑步追了上來：「先生慢走！鑰匙呢？」

「鑰匙？」

「對，食櫥上的鑰匙，我還要吃午飯呢！」

「我的朋友，吃什麼午飯呢，即使吃了一兩小時以後，你也會和現在一樣餓嘛！」

僕人對主人服務不周，當然會引起主人的不快，主人往往會訓斥僕人。然而，伏爾泰卻以微笑和幽默對待此事，將不愉快之事變為輕鬆，而且使僕人在笑聲中得到教育。伏爾泰真可稱得上是幽默高手。

將事情化小，確實是日常生活中運用幽默力量的好方法。面對生活中可能引起麻煩的事情，我們借助於幽默，共同歡笑一場，就能把這麻煩放到適當的位置而不至於過分憂慮和不悅。以輕鬆的態度對待麻煩，共用歡樂會使麻煩同整個生活相比後變得不那麼重要。

以幽默來對待生活中不順心的事。在生活中，如果人們能常以幽默來對待各種事情，如在寒冷、炎熱、潮濕的令人難熬的日子裡，說上幾句逗人開懷的笑話，肯定能振作大家的精神。

生活是豐富多彩的，只要我們的想像力和創造力不被一些框框所束縛，就能藉幽默的力量，給生活注入興奮劑。

7．幽默揭示醜惡現象

幽默有一個特殊的功能——諷刺醜惡現象，這就是「匡正時

弊」法。

古往今來，封建迷信坑了不少人。有一些對聯以幽默詼諧的語言，進行諷喻、勸誡，讀後令人捧腹！下面試舉幾聯。

某座財神廟裡有這樣一副對聯：

只有幾文錢，你也求，他也求，給誰是好？
不作半點事，朝來拜，夕來拜，使人爲難！

聯語以財神的口吻，嘲笑了那些坐等天上掉下錢財的懶漢。

杭州萬松嶺下也有一座財神殿，廟宇破敗，財神菩薩泥土剝落，但香客依然絡繹不絕。於是有人在財神殿兩側撰寫了一副妙趣橫生的對聯：「我若有靈，也不至灰土處處堆，筋骨塊塊落；汝休妄想，須知道勤儉般般有，懶惰件件無。」

石河先生把某些「名片」稱之爲「明騙」：

無聲唱片，特種炮彈——誰想成名，它能包辦：要掛多高的銜，就掛多高的銜；要當多大的官，就當多大的官；要發多肥的財，就發多肥的財；要露多紅的臉，就露多紅的臉。名片——明騙，小紙一張，威力無限。

楊翰端先生的「貶值謠」把大鍋飯中的怪現象諷刺了個夠：

年過四十算「青年」，短訓三月算「大專」，工齡熬滿算「教授」，照書抄錄算「考卷」。領導拒賄算「新聞」，退出占户算「模範」。品質低劣算「名優」，不罵顧客算「笑臉」。唱個歌兒算「歌星」，拉筆贊助算「導演」，亂湊詞語算「詩人」，掛個虛名算「主編」。兩篇短文算「作家」，別人配音算「演員」，戴頂帽子算「著名」，出本庸書算「經典」。

……休道貶值處處有，難得糊塗閉隻眼，你好我好他也好，最香還是大鍋飯……

人們對種種不合理的社會現象，爲什麼要用幽默的「匡正時弊」法加以諷刺鞭笞呢？主要是因爲人們對此恨之已極，深惡痛絕，直接抨擊或咒罵已難解心頭之恨，於是「悲極生樂」，產生了通過嬉笑怒罵、諷刺打油詩等形式，來宣洩情緒的方式。

8・幽默寓教於笑聲之中

無數的實踐證明，風趣幽默的批評教育，在笑聲之中容易被人接受，效果也就比較明顯了。說起教育，人們習慣地容易聯想到那一副副正兒八經、毫無笑容的面孔，一套套令人不著要領的抽象理論，一群昏昏欲睡的聽眾。其實，造成人們的這種理解和印象，完全是由於教育工作的方法失當造成的。教育，當然是一件嚴肅的事情，但這並不排斥應該讓受教育者發出歡快的笑聲。寓教於笑聲之中，是教育的有效方法。

有一個「懶師拜懶徒」的幽默故事說明，江山代有人出，一山總比一山高。

一個遊手好閒的浪子，只恨自己懶得不到家，頗想找一個懶店進修一番。於是，他就到處打聽哪裡有懶店。

一天，他打聽到確有一個學懶店，便欣然前往。到了懶店門口，他屁股充作臉，退著進門去。學懶店的師傅大喝一聲：「呔，怎麼不懂規矩，何事不把臉對著我！」浪子仍然背對師傅答道：「尊師在上，容愚徒一稟：來時背對師傅，辭別時可不轉身也。」師傅一聽，瞠目結舌。少頃如夢初醒。拒浪子於門外曰：「我可尊你爲師也。」

再舉「重建阿房宮」一例，它是用來批評教育行政管理人員的水準和教育水準之低下的。

督學到一所中學巡視，與學生交談之間，隨口問道：「你知道阿房宮是誰燒的嗎？」

學生滿臉惶恐，連聲說：「不是我燒的，不是我燒的！」

督學啼笑皆非，向校長指責：「貴校的學生國文程度低落，居然說阿房宮不是他燒的。」

盛怒之下，督學寫了一封呈文給教育局長，稟明原委。不久，收到了局長的覆函說：「燒了就算了，想辦法再撥經費重建阿房宮。」

批評，是教育工作中對各種不良現象進行鬥爭的武器。批評要想達到效果，就必須與人爲善，就必然要講究方式方法，講究語言藝術。有時候，一句巧妙的幽默言辭的確能勝過許多句平淡乏味的說教。

那麼，爲什麼幽默風趣的話語能起到教育作用呢？

首先，因爲每個人都有自尊心的，實踐證明直截了當地當眾批評某個人，絕不是好辦法，它或者會引起對方的強烈反駁，找到一些理由來爲自己辯護；或者會以沉默相對抗，口服心不服，並從此積怨於心。這樣，批評的目的自然沒有達到。所以心理學家們都異口同聲地說：「不要當眾斥責人。」這是很有道理的。而採用幽默式的批評方式卻給了對方臉面，不會使對方產生對抗情緒。另外，由於採取的是影射而不是直說的方式，讓被批評者有一個思考迴旋的餘地，就更能深刻地領會批評者的良苦用心。

一位年輕畫家就近找到一處住房，在搬家之前，他對他的好友信誓旦旦地說：「我想把新房間的牆壁很好地粉刷一下，然後在牆上畫一些畫。」

「你最好是先在牆壁上畫畫，然後再粉刷牆壁。」深知這位年輕畫家能耐的好友如此勸他。

這位好友含蓄地表達了自己的意見，年輕的畫家自然會體會、深思，該如何把自己的畫畫好。

其次，幽默能把原來兩種互不相關的事物巧妙地、出人意料地聯繫在一起，使人們產生驚奇，產生笑。人們在聯想中，會意識到說話人的眞正目的，從而愉悅地接受說話人的意見。

◎ 豬

每天早晨起來，豬媽媽都要花費很長時間化妝打扮自己，將蔥白插進鼻孔裡裝大象。豬寶寶在一邊說：不如乾脆製造個長鼻子得了，人老了，一點創意都沒有！

⇨生活是需要創意的，但是，創造應該尊重自然規律和社會規範！

◎ 持家有道

一天晚上我到美術館去看畫展，當我正在欣賞一幅由一些繩子、火車票、鐵絲濾網、快照和一個破車輪拼貼而成的抽象畫時，我聽見旁邊一個婦女低聲對另一個婦女說：「這足以證明——不要的東西，可不能任意扔掉。」

⇨生活其實是很緊湊和精緻的，沒有什麼是無用之物，只要我們也精心地發掘和細緻地安排，其實寶物就在你身邊！

◎ 淡而無味

有個老書生，每次聽人家說完話，總會表現出大師風範，搖搖頭說：「淡而無味。」

有一天，這位老書生跟一位朋友談話：「最近有啥新聞？」

朋友回答道：「昨天傍晚，一條鹽船被撞破了，所載的鹽都倒進河中去了。」

老先生搖搖頭說：「淡而無味。」

⇨如果我們對待生活就這麼冷淡無心，不著意，不努力，則一切都會如白開水般淡然無味！

◎ 觀畫

一位畫家舉辦個人畫展。一位貴婦人來到展室，站在一幅畫前面端詳了許久，她說：「我要是能認識這幅畫的作者，那有多好啊！」站在一旁的畫家走過來說：「夫人，我就是作者。」貴婦人說：「這幅畫太妙了！你能否告訴我，給畫裡這位小姐做旗袍的裁縫是誰？」

⇨我們常說藝術是與平民無緣的，因為普通人很難欣賞藝術本身。其實，藝術的目的是給人帶來享受。我認為，不一定是理解了藝術本身才有享受，享受本身是沒有區別的。

◎ 金眼睛

宋朝忠武軍節度使黨進讓畫工為自己畫像。畫完後，他看了大怒，斥責畫工說：「前幾天見你畫老虎，還用金箔貼眼睛，難道我還消受不起一副金眼睛嗎？」

⇨適合你的才是最好的。在旁人眼裡再好的人或物，如果不適合你，又有什麼意義呢？

◎ 穿錯大衣

飯廳內，一個異常謙恭的人膽怯地碰了碰另一個顧客，那人正在穿一件大衣。

「對不起，請問您是不是皮埃爾先生？」

「不，我不是。」那人回答。

「啊！」他舒了一口氣，「那我沒弄錯，我就是他，您穿了他的大衣。」

⇨要做到理直氣壯，並不是件容易的事情。理直的人，往往低聲下氣；而理歪的人，卻是氣壯如牛。

◎ 歪打正著

湯姆在小學任教，長得人高馬大，威風凜凜，只是講話一緊張就口吃。一次監考時，他發現有一個學生作弊，於是就氣急敗壞地指著那名學生吼道：「你……你……你……你……你竟敢作弊，給我站起來！」語畢，共有5名學生同時站了起來……

⇨常說「破布還有塞鼻子的作用」。可不是嗎？這樣看來我們確實應該注意生活中一些小細節，也許就是你的貴人和轉機。

◎ 結婚證

小蔡：您好，我想預約明天去辦結婚證。

小劉：好的，婚前檢查你們做過了嗎？

小蔡：查過了，她爸是開公司的，家裡有房有車。

小劉：嗨，我是說去醫院檢查！

小蔡：哦……（猶豫了一下）也查過了，醫生說是個男孩。

⇨「存在的就是合理的」，在現在這個多元社會中，也許我們應該更加寬容地看待身邊的事情。

◎ 出風頭

「昨天在劇場裡我看見了您的夫人。她咳嗽得可真厲害，以致大家都在看她。她是感冒了吧？」

「沒有，你沒看見她穿了一件漂亮的繡花連衣裙嗎？」

⇨當人以誇張的方式試圖引人注意的時候，反而讓人看不到其所想展現的方面。

◎ 貓的自由

由於貓一貫出入他人房屋及花園而不斷引起諸多鄰里糾紛，達姆斯達特法庭做出這樣一項判決「貓可以不經允許而自由進入鄰居的房屋與花園」，因為根據土地法、寵物管理條例及私人住宅管理條例，實在找不出要對貓的自由加以限制的法律根據。法官還特別解釋說：貓是一種獵食動物，牠可能追捕一隻鄰居的老鼠而理直氣壯地進入鄰居家，也可能追逐一隻蝴蝶而誤入他人花園戲耍。

⇨其實看似嚴謹的法律也有很多無法解決的問題，這可能關係到我們生活的方方面面。作為一個普通人，不關心法律是不行的。

◎ 青蛙見證人

俄國生理學家伊凡・謝切諾夫通過對青蛙的解剖實驗，於一八六三年發表了關於「蛙腦對脊髓神經的抑制」等論文，同時出版了《腦的反射》一書，為神經生物學做出了很大的貢獻。但是，沙俄政府竟以莫須有的罪名，把謝切諾夫逮捕。

審訊時，法官問：「被告，您可以為自己找個辯護人。」

伊凡・謝切諾夫回答：「讓青蛙做我的證人吧！」

⇨欲加其罪，何患無辭。

☑「查理，你一天到晚就只知道照顧那輛車，晚上你就跟它睡好了！」

☑「無題」

◎ 律師的智慧

太太對當律師的丈夫說：「親愛的，咱們的房子和家具的樣式太陳舊了，該重新裝修一下了。」

這個丈夫不疾不緩地回答：「親愛的，你別急，我剛好接手了一件離婚案件，男方可是個有錢的大亨。等我把他的老婆搞定了，咱們就可以來裝修家理了。」

⇨如果法律成為某些人用以獲取利益的工具的時候，它的危害性就會超過普通的一般犯罪了。

◎ 應變

舞臺上。在擊斃敵人的一剎那，手槍竟沒有響。再次射擊時，仍無聲音。台下的觀眾譁然。演員一時不知所措，他慌亂地抬起腳，朝敵人狠狠踢去。

扮演敵人的演員卻很老練，只見他慢慢地倒在了地上，然後吃力地抬起了頭，用微弱的聲音說道：「你、你的靴子上……原來有毒，我……我真的好恨呀……」

⇨戲劇的舞臺何嘗不是人生的舞臺？意外的一刻考驗的是人、應變的能力，而這種能力正是人生經驗的積澱。

◎ 電腦

學者對他的同事說：

「我發明的這台電腦擁有真正人類的特點。」

「您是想說，它會思想？」

「那倒不是。但是如果它犯了錯誤，它會嫁禍於人。」

⇨對於有些人自以為是的小聰明，很難說究竟是成就了人、還是敗壞了人呢！

◎ 威脅

教練員在拳擊比賽暫停時，對自己的拳擊手輕聲說：

「如果你不能制伏對手，那麼，你明天就會失業了。」

⇨不擇手段的鼓舞，也是激勵人心的一種方式。

◎ 三個女兒之謎

「你知道嗎？親愛的，我一直認為我們的鄰居有三個女兒，現在才算搞清楚，事實上是他們的那個女孩，有三頂假髮罷了。」

⇨只要展現不同的風貌，人就可以多樣化了。

◎ 退席

「昨天的午宴，您為什麼中途離去了呢？」

「哎！那是因為湯像酒一樣涼，酒同魚一樣淡而無味，而魚同午宴的主人一樣瘦小。」

⇨人生的味道何嘗不是如此，該甜的時候便像蜜，而該苦的時候就得如黃連，絲毫不能混淆。

◎ 會講英語

一個德國搶劫犯被帶到法庭，法官問他是否會講英語，年輕人答道：「會一點。」「你會講什麼？」「把你身上所有的錢通通掏出來給我。」

⇨學習任何本領的動力都來源於我們的需要。那些迫在眉睫的需要，往往最能讓我們牢固地掌握本領。

◎囚犯的工作

紐約的一座監獄裡，最近又來了幾個囚犯。一天，獄長把他們召集在一起，對他們說：「這兒是座模範監獄，我們是很民主的，每一個囚犯來到這裡都可以繼續做他們原來的工作。」囚犯們聽了很高興，其中一個囚犯頓時手舞足蹈起來。獄長連忙問他：「你以前是幹什麼的？」囚犯大聲回答道：「報告，我以前是大門外的警衛！」

⇨當人們在為一種公平而合理的制度歡呼雀躍的時候，可能想要表達的並不是對這種制度產生的崇敬，更多的時候，人們都是在謀求一種私心。

◎湯不燙

一位新堂倌來到某飯店上班，林德曼先生向來就在那家飯店用午餐。就在頭一天，林德曼先生對這位堂倌很生氣。

「堂倌先生，」他喊道，「您把您的大拇指伸進湯裡了！」

「不要緊，先生！」堂倌解釋說，「這湯一點也不燙。」

⇨別人對你的合理要求可能在很多時候並不是那麼明顯，但這並不代表著我們就可以忽略這種要求甚至將它理解為一種獎賞。

◎ 稀物

在偏遠山區的小旅館中！

顧客：天哪！怎麼兩個煎蛋就要一百元！難道這兒的雞蛋就這麼稀罕嗎？

主人：不，先生！這兒稀罕的不是雞蛋，而是遊客！

⇨有時候，讓自己對於周圍來說變得獨特而奇缺更好些。因為即使得到同樣的東西，後者往往容易比前者付出更大的代價。

◎ 航海奇蹟

有人問一位航海家：「你在海上遊歷了那麼多年，一定遇見過不少奇蹟吧？」

「最大的奇蹟是我平安無事地登上了陸地！」航海家說。

⇨只有見識過大海，才知道什麼是風平浪靜；只有經歷過艱險，才知道平安是福。

◎ 蘋果和屁股

女教師在黑板上畫了一個蘋果，然後提問：「孩子們，這是什麼呀？」孩子們異口同聲地回答：「屁股！」女教師哭著跑出教室，找校長告狀：「孩子們嘲笑人。」校長走進教室，表情嚴肅地說：「你們怎麼把老師氣哭了？啊！是哪個頑皮鬼在黑板上畫了個屁股呢！」

⇨我們總以為生活的遊戲不公平，受到傷害的是自己——可是，有沒有想過，根本就是我們不懂遊戲的規則呢？

◎ 我也要喝巧克力口味的！

一個白人媽媽給小孩喝母奶，正好旁邊黑人媽媽也在餵奶，白人小孩哭了，媽媽問怎麼了，白人小孩說：我也要喝巧克力口味的！

⇨生活有很多種形式，也許五花八門的，迷亂我們的雙眼——但是生活的本質是真實而永恆如一的！

◎ 我生病了

一個女孩子一直暗戀著一位醫生，她為了想見到這位醫生同時引起他的注意，所以每天都去找這位醫生看病。可是，這一個星期以來這個女孩都沒出現，醫生正覺得奇怪時，她終於又出現在醫院門口了。醫生很好奇地問她為什麼這幾天都沒來？女孩答道：「因為我生病了。」

⇨愛情是盲目的，沒病去看醫生，有病卻忘記了。

第6章
幽默的談吐

當我們的社會廣泛地通過一種笑的能力而被熟知，當每一位公民業已被笑所征服，他就置身在一種和睦的氣氛中，從而眞正領悟到幽默的內在含義。笑，往往有助於人們的理性認識和道德評價，它是知、意、情的複合，也是眞、善、美的統一。譏諷的笑，是通過對醜的否定來間接地肯定美；而讚美的笑，是以愉快，歡悅的感情，用這種體驗來肯定美。

1．妙詞佳句，就地取材

史達林是一位關於善於演講的幽默家，他在《在莫斯科市史達林選區選舉前的選民大會上的演講》中有這樣一段話──

同志們，我們大家都知道，醜兒家家都會有（笑聲，鼓掌）……果戈理說：「這種人確定的，不三不四的人，使你弄不清他們究竟是什麼樣的人，既不像人，又不像鬼。」（歡躍，鼓掌）……

我不能準確地說，在代表候選人（當然我對他們很抱歉）中間和我們的活動家中間，沒有那種多半是政治庸人的人，沒有那種在性格上和面貌上很像民間所說的「既不像供神的蠟燭，也不像餵鬼的饅頭」的人（笑聲，鼓掌）。

聽了這樣的演講，你會情不自禁地爲演講者擅用民間故事和詼諧的語言製造幽默而拍案叫絕。事實上，優秀的演說家總能在演講中穿插進民間傳說、典故、寓言，以增強演講的幽默感和諷刺的力量，以提高演講的生動性、趣味性及戰鬥力量。通過這樣的演講，觀眾了解了演講者，演講者也「推銷了自己的觀點」。演講者與聽眾之間彼此有了高度的默契，相互之間心領神會，造成了一種幽默感，講清了道理，雖說沒有義正詞嚴，但卻給了人們深刻的教育，可以說是「含笑談眞理」，使那些認識不清的人容易聽進去，引起他們高度的重視。

高明的演講、總是充滿幽默，如果在一次演講中能讓聽眾發出幾陣會心的笑，便能收到良好的效果。史達林的這段演講不到200字，竟引起三次笑聲和掌聲，可見多麼富有俄式的幽默感。

含笑談眞理，往往是受人歡迎的，何樂而不爲呢？有人讚美笑是禮貌之花，笑是友誼之橋。著名科普作家高士其說：「笑是美的姐妹，笑是善的良友，笑是愛的伴侶；笑有笑的哲學，笑有笑的文學，笑有笑的教育學。」

由此可見，笑是神通廣大的，生活中不能缺少舒心的、快慰的、爽朗的笑聲。而幽默，能寓莊於諧，給人以輕鬆、優美之感，能使眞理更耐人尋味。諺語說得好：「笑是力量的親兄弟。」笑，表達出人類征服憂患的能力；笑，也能增強人們的友誼、信任和聯繫。而幽默的笑是一種有趣的、高尚的、會心的、意味深長的笑。

在演說報告、社交談話中，一些信手拈來的妙詞佳句，就地取材的風趣言語，靈機一動所產生的富於哲理的閃光，即使演講者調節了節奏，也使聽者解除了疲勞。這樣既有助於深化主題，又能活躍談話氣氛。

2．調節氣氛，縮短距離

善說者一席幽默的話語，往往既活躍了氣氛，又把兩者之間的距離縮短。因此，無數事例可以證明，風趣幽默是說者和聽者建立融洽關係的有效途徑與手段。

由於商品經營者的過失，顧客的利益遭受損害，顧客強烈不滿，消費者同經營者之間產生了很大的矛盾。

有一天，乳品廠的廠長室裡，衝進來一位顧客。只見他手拿一瓶優酪乳，氣沖沖地對廠長說：「這樣的優酪乳能喝嗎？我要求賠錢，你們的售貨員還不答應，豈有此理！現在，我們一起上法院論理吧！」

廠長拿過那瓶優酪乳，發現其中夾雜著玻璃碎片，不禁大吃一驚。但他很快鎮靜下來，問那位顧客問：「請問，這優酪乳您喝過沒有？要是已經喝了，那咱們還是先上醫院檢查一下，回頭再上法院吧！」

廠長這句幽默的話語，出乎那位顧客意料之外，反倒令他有點不好意思了。只見他滿臉的怒氣即刻消去一大半，開始平心靜氣地提出他的意見和建議了。憤怒一觸即發的氣氛頓時變得輕鬆，雙方之間的距離也開始縮短了。

這裡再舉一例：

在思想改造運動中，曾發生過這樣一件事。由於某些基層幹部作風粗暴，使一位老教授投河自殺（由於及時發現，最終被人救了起來）。陳毅同志知道後，把有關幹部叫去狠狠地對他們進行了批評，要他們主動去賠禮道歉。後來，在一次老教授參加的高級知識份子大會上，陳毅同志說：「我說你呀，眞是讀書一世，糊塗一時，共產黨搞思想改造，難道是爲了把你們整死嗎？我們不過想幫大家卸下包袱，和工農群眾一道前進，你爲啥偏要和龍王爺打交道，不肯和我陳毅交朋友呢？你要投河也該打個電話給我，咱們再商量商量嘛！當然啦，這件事主要怪基層幹部不懂政策，也怪我陳毅教育不夠……」

陳毅同志這一席話，活躍了氣氛，增強了語言的親切感，使其中所含的批評與自我批評顯得那麼自然得體，易於被人接受。

3．寬鬆精神，感受美感

有人說：「沒有幽默的語言是一篇公文，沒有幽默感的人是一尊塑像。」這話是很有見地的。當今現代社會高效率、快節

奏、信息量大，這樣必然會使人的大腦容易產生疲勞。如果我們的生活多點笑聲，多點幽默，就會消除人們的煩躁心理，保持情緒的平衡。說話，在某種程度上，具有一定的娛樂性。它不應該讓人感到緊張、費力，而應給人一種舒適輕鬆之感。

有這麼一件可笑的事：

有一天晚上，有一位先生在馬路上丟失了一只金戒指。當時路燈很暗，他無法尋找。於是，這位先生急匆匆地趕回家，在房間裡到處找起來。他妻子問：「你找什麼東西？」

「我找戒指。」

「你是在家裡丟掉的嗎？」

「不，在馬路上。」

「那你爲什麼要在這裡找？」

「因爲馬路上黑，家裡亮。」

幽默的談吐往往惹得人們捧腹大笑，然而，談吐的風趣也是一種美感，給人以美的享受。

有個大財主訂了個規矩：莊稼人遇到他，都得敬禮，否則便要挨鞭子。

一天，阿凡提經過這裡，碰上了大財主。

「你爲什麼不向我敬禮，窮小子！」大財主怒不可遏。

「我爲什麼要向你敬禮？」

「我最有錢。有錢就有勢，窮小子，你得向我敬禮，否則我就抽你。」

阿凡提站著不動。

圍觀的人越來越多，大財主有點心虛，便壓低聲音對阿凡提說：「這樣吧，我口袋裡有一百塊錢。我給你五十塊，你就向我敬個禮吧！」

阿凡提慢慢悠悠地把錢裝進兜裡，說：「現在你有五十塊錢，我也有五十塊錢，憑什麼非要向你行禮不可呢？」

周圍的人大笑起來，大財主又氣又急，一下子把剩下的五十塊也抽了出來：「聽著，如果你聽我的，那我就把這五十塊錢也送給你！」

阿凡提又把這五十塊錢收下，接著嚴肅地說：「好吧，現在我有一百塊，你卻一分錢也沒有了。趕快向我行禮吧！」

大財主目瞪口呆。

阿凡提的故事雖然帶有寓言的色彩，但他的話語的確有趣，給人以美的享受。

4．脫離困難，消除尷尬

幽默的談吐常常能使局促、尷尬的場面變得輕鬆和緩，使雙方擺脫困境，也消除了尷尬。

美國著名小說家馬克．吐溫有一次去某小城。臨行前，別人告訴他，那裡的蚊子特別厲害。到了那個小城，正當他在旅店登記房間時，一隻蚊子正好在馬克・吐溫面前盤旋。那個職員面露尷尬之色，忙驅趕蚊子。

馬克・吐溫卻滿不在乎地對職員說：「貴地的蚊子比傳說中的不知聰明多少倍。牠竟會預先看好我的房間號碼，以便夜晚光顧，飽餐一頓。」

大家聽了不禁哈哈大笑。結果這一夜馬克・吐溫睡得十分香甜。原來，旅館的職員聽了馬克・吐溫的講話，全體職工一齊出動，想方設法將他入住的房間整理得乾淨，不讓這位博得眾人喜愛的作家成爲「聰明的蚊子」的獵物。

5・評判是非，領悟哲理

風趣幽默在說話中，將人的智慧和語言技巧巧妙地結合起來，揭示出事物的深刻含義，富有哲理，含不盡之意於言外，使人在含笑中評判是非，領悟哲理，增長智慧。

一位年輕的畫家拜訪德國著名的畫家阿道夫・門采爾，向他訴苦說：「我眞不明白，爲什麼我畫一幅畫只用一會工夫，可賣出去卻要整整一年。」

「請倒過來試試吧，親愛的。」門采爾認眞地說，「要是你花一年的工夫去畫它，那麼只用一天，就一定能賣掉它。」

門采爾的幽默話語，的確含有不盡之意於言外，使人在含笑中評判是非，增長智慧。

著名的現代航空大師西莫多·馮卡門在八旬高齡時獲得了美國第一枚「國家科學勳章」。授勳儀式結束走下臺階時，馮卡門因患嚴重關節炎，顯得步履艱難。在一旁的美國總統見狀，急忙上前攙扶他。

老人向他報以感激之情，然後輕輕推開總統的手，說了一句俏皮話：「總統先生，下坡而行者，不需攙扶，唯獨舉足攀登者，才求助一臂之力。」

一句幽默的話，引得眾人大笑不已。這樣的笑話，不僅使人感到輕鬆、愉快，而且寓意深刻，也使人在笑聲中領悟到其中的哲理。

◎ 怕老婆俱樂部

甲：「我跟太太最講民主，如果我的意見和她相同，她便服從我，如果不一樣，我便服從她。」

乙：「我跟太太最講平等，各管各的，我管理客廳、臥房、廚房，她管理傭人和我。」

丙：「我主張獨裁。家中大事由我負責，小事由她負責。還好，結婚五年來，家裡沒發生過一件大事。」

丁：「現在我是妻管嚴，在家老婆做主，但是從明天起我要當家做主，因為她要去美國看女兒了。」

⇨人人都有自己的弱點。有勇氣承認就有勇氣面對，繼而去克服，但對於那些不敢承認的人來說，就永遠要這樣將就了！

◎ 大紙簍

愛因斯坦被帶到普林斯頓大學他的辦公室那天，有人問他需要什麼工具。「我看，一張書桌或檯子，一把椅子和一些紙張鉛筆就行了。啊，對了，還要一個大廢紙簍。」他說。「為什麼要大的？」「好讓我把所有的錯誤都扔進去。」

⇨成功其實很簡單，就是敢於承認自己的缺點和錯誤，並且毫不猶豫地把它們扔進「廢紙簍」裡。

◎ 問題之所在

麥克走進餐館，點了一份湯，服務員馬上給他端了上來。

服務員剛走開兩三步，麥克就嚷嚷起來：「對不起，這湯我沒法喝。」

服務員馬上重新給他上了一個湯，他還是說：「對不起，這湯我沒法喝。」

服務員只好叫來經理。經理必恭必敬地朝麥克點點頭，說：「先生，這道菜是本店最拿手的，深受顧客歡迎，難道您……」

「我是說，湯匙在哪裡呢？」

⇨有錯就改，當然是件好事。但我們常常不明究裡，卻改掉正確的，留下錯誤的，結果是錯上加錯。

◎ 換個手錶

喬治・華盛頓是美國歷史上第一位總統。他有一個年輕的祕書，一天早晨，這位祕書來遲了，他發現華盛頓正在等候著，感到很內疚，便說他的錶出了毛病。華盛頓平靜地回答：「恐怕你得換一個錶，否則我就要換一位祕書了。」

⇨如果錯了，就下決心去改正，不要給自己找任何藉口，因為藉口會讓人覺得你沒有悔過的態度。

◎ 理髮

一名男子到理髮店理髮。男子對理髮師說：「請你把左邊的頭髮剪得短點，右邊的頭髮讓它垂到耳朵不要剪，然後在腦門上給我剪禿像五元硬幣大的一塊，還要留下一縷長髮，使我能把它一直拉到下巴那裡。」

「對不起，先生，」理髮師道：「這個我可能辦不到。」

「辦不到？」顧客怒喝，「上次不就是你把我的頭髮剪成這副德性的嘛！」

⇨很多人並不知道或者不願承認自己已經把事情做得非常糟糕，除非你拿出足夠的證據。

◎ 慈善事業

一天，蕭伯納應邀參加一個慈善團體的舞會。會上，他邀請一位身分一般又長得很肥胖的婦人跳舞。這個婦人很不好意思地說：「您怎麼和我這樣一個平凡的人跳舞呢？」

蕭伯納回答：「這不是一件慈善事業嗎？」

⇨如果有顆善良和慈愛的心，即使是再平凡的人，也會讓人尊敬。

◎ 鬧鐘

經理對年輕的助手深為不滿：「您，小姐，每天早晨上班總是遲到，難道您家裡沒有鬧鐘嗎？」

「有是有，可它太討厭。每當我睡著時，它總打鈴。」

⇨當你把一種東西的優秀品質當成是它的缺點時，你已經失去了擁有它的意義。

◎ 作者與編輯

一位文抄公來到一雜誌編輯部。

「編輯先生，您讀過前不久我寄的那篇小說了嗎？」

「讀過了，年輕人，讀過了。記得我讀這篇小說的那個時候，你可能還沒有來到這個世界上呢！」

⇨不要以為時間會遺忘什麼，即使是時光流逝，誠實依然是人們應當遵守的道德原則與品質。

◎ 輸與贏

「為什麼您玩牌時，總是那麼走運，可賽馬時，您卻一次都沒有贏過？」

「那是因為，無論如何我也不能把馬整個握在手裡。」

⇨事物不但需要人用手的把握，更要運用那可貴的理性。

◎ 旅遊者的疑問

導遊對旅遊者說：「女士們，先生們，你們面前的這座城堡是歷史上著名的亞歷山大國王的，它興建於幾個世紀之前。」

「為什麼非要把它建得離鐵路這麼遠呢？怎麼就沒考慮會帶來許多不便呢？」一位旅遊者問。

⇨善於提出和思考問題的人，絕不會混淆過去和現在。

◎ 嗓子

一個驕橫的女人問聲樂教授：「你認為我的嗓子怎麼樣？唱什麼歌最合適？」

「當然，這是一副很有特色的嗓子，遇上火災或沉船時，它是大有用途的。」

⇨驕橫源自於無知，真正有實力又有魅力的人都是謙卑的，因為廣博的知識使得他們能夠認清楚自己的位置。

◎ 反正你看不見我

某甲遇見一個人，那個人給了他一棵草，並對他說：「這是隱身草，只要你手裡拿著它，別人就看不見你了。」某甲就手拿這棵草來到市場上，旁若無人抓起別人的錢就走。錢主抓住他揮拳就打。某甲說：「隨便你打，反正你看不見我。」

⇨在別人看不見的時候如何行為，是對人品質的一個考驗。

◎打賭

看臺上，兩個素不相識的球迷爭了起來。

「甲隊一定贏。說錯了，就把我姓倒寫！」

「甲隊一定輸。否則，把我的姓橫寫！」

「你貴姓？」

「姓田，你呢？」

「姓王」

⇨有些人的「英勇」表現並不能代表著他們具備「英勇」的本質，因為在那種行為的背後，他們根本就毫髮未損而已。真正的英勇，意味著有所犧牲。

◎接二連三

老教授習慣於專心致志地思考問題。有一次，他去洗澡，忘了脫衣，便一屁股坐進浴盆拿起浴巾前前後後，上上下下地忙著擦洗起來。

突然，他發現自己沒有脫掉衣服，連忙從浴盆裡跳了出來。「還好，還好！」他高興地笑了，原來他同時也忘了打開水龍頭呢！

⇨什麼是真正的專心致志？牛頓曾經給出過經典的解釋——專心致志

☑「虎父無犬子」

☑「女兒，我們忘記帶鑰匙，麻煩妳到前面來開一下門好嗎？」

是一種能夠將你身體與心智的能量鍥而不舍地運用在同一個問題上而不會厭倦的能力。專心是一種難得的品質。

◎ 假電影票

甲：「我買到一張偽造的電影票，這種人真缺德！」

乙：「後來呢？」

甲：「我把它轉賣給別人了。」

⇨如果一個人沒有自我修養的品質，可不是什麼好兆頭。

◎ 語言美

「我的朋友都說，我使用的語言很美。」

「怎見得？」

「凡是認識我的人，都說我說的比唱的還好聽。」

⇨仁者無敵，最有效的武器其實是真誠。實實在在地告訴對方你想說的，最樸實，最不講求技巧，反而最能贏得別人的信任。在與人交往時太注重技巧往往適得其反，流於虛假。

◎ 偉大的醫生

一位馳名的醫生臨終時對他周圍的醫生說，「我將留下三位偉大的醫生。」在場的所有醫生都希望，這位名醫生能將自己的名字作為他的繼承人提出。

這位名醫卻說：「這三位偉大的醫生就是：水、運動和正確的飲食方式。」

⇨人們往往以為從醫生那裡能找到健康，其實藥物只會幫你暫時驅除某種病痛。不是說「以自然之道養自然之身」嗎，大自然講求的是和諧、融洽，因此，只有人的身體和心靈都要養成良好的習慣，才能活得健康自然。

◎ 最好都穿去

阿凡提的妻子準備去參加一個婚禮，不知穿哪一件衣服合適，她花了足有一頓飯的工夫來試衣服，但還是舉棋不定，便問阿凡提：「阿凡提，您看我到底穿哪一件合適？」「假如穿了這一件，那件會生氣，如果穿了那一件，這件肯定又不高興，最好你把它們都穿去！」阿凡提回答道。

⇨在一些非原則性問題上，無需左右搖擺不定，猶豫不決、優柔寡斷只會增添不必要的麻煩和累贅。

◎ 主人

小牛見母牛在農民的皮鞭下汗流浹背地耕田，感到很難過，就問：「媽媽，世界這麼大，為什麼我們一定要在這裡受苦，受人折磨呢？」

母牛一邊揮汗如雨，一邊無可奈何地回答說：「孩子，沒辦法啊！自從我們吃了人家的東西，就身不由己了，祖祖輩輩就這樣啊！」

⇨優秀是一種習慣，擁有了好的習慣，你就擁有了成功的基因。

◎ 眞實謊言

有位老兄帶著妻子及岳父開車經過三藩市的金門橋。剛開過橋，就被站在路邊的員警及三藩市市長攔住。員警滿臉笑容地對他說：你是自從金門橋建成後第五千萬個開車過橋的人，市長先生將發給你五千美金作紀念。那老兄聽後高興得合不攏嘴。

員警問他，你拿了這五千塊錢想幹什麼？這老兄忙說：我正窮得連開車執照都辦不起，所以第一件事就是趕快去考個執照。他的妻子在一旁聽得直急眼，趕快搶話跟員警說：別聽他瞎說，他一喝醉了酒就胡說八道！一直在車裡迷迷糊糊打瞌睡的老岳父這時醒來，看見那員警，氣得直嚷起來：你看你看，我早就跟你們說過，這偷來的車就開不遠！

⇨永遠記住：人心最大的智慧就是誠實！人性最貴重的品質也是誠實！人間最大的美德還是誠實！世界最大的祕密也正是真實！

◎ 如此作品

妻子：「結婚半年多了，怎不見你搞文學創作？」

丈夫：「我哪有那個天賦呀！」

妻子：「結婚前，你在『徵婚啟事』上不是寫了『我常常在報社發表各種作品』嗎？」

丈夫：「我指的是結婚之前，隔段日子就要擬一份不同措詞的『徵婚啟事』呀！」

⇨狡猾的小聰明或許可以瞞騙一時，但終究是狐狸尾巴藏不住——原形畢露。因為只有真誠和坦蕩才是放之四海而皆準的大智慧！

◎ 不要命了

某日，王小二出門做客，主人先端上一盤豆腐，他很快猛吃起來，其他客人勸他吃慢點，王小二說：「豆腐就是我的命。」然後主人又端上紅燒肉一盤，王小二見了又狼吞虎嚥起來，並說：「有了肉，我不要命了。」

⇨我們常常下定決心或者海誓山盟，但如果那是基於幼稚和虛偽，是不是就太蒼白無力了呢？畢竟，生活的厚重和內心的真實，不是輕易可以讓我們說出口的！

◎ 太太向我求情

怕老婆出了名的老李，卻在人面前不肯承認。

一天，他對朋友說：「昨天晚上太太跪下來向我求情。」朋友不信，追問他事情的經過，他才說：「太太跪在床邊，低頭向床底下說，你到底出來不出來？」

⇨編造虛偽的謊言，刻意掩飾在意的真實。可是我們這樣做究竟掩飾了什麼？——恐怕只是可憐虛弱的內心——而真實仍然堅強地站在那裡，或許，內心的堅強才是我們真正需要彌補的！

◎ 智能體重機

約翰在機場候機，閑來無聊站到一台體重機上，螢屏上馬上出現：「你是約翰，體重87公斤，飛往紐約」的字樣。約翰十分驚奇，他十分鐘以後戴著墨鏡又站到這台機器上，螢屏上馬上又顯出「你是約翰，體重87公斤，飛往紐約」，約翰更加感到神奇了，他跑進盥洗室刮掉鬍子，換掉衣服又來到這機器前，螢屏上馬上顯出「你仍是約翰，你的體重仍是87公斤，你的飛機已於20分鐘前飛走了。」

⇨生活中很多事情乍看起來不可思議，但是我們並不應該幼稚地對此妄加否定和懷疑。因為，真實永遠是值得尊重和探討的，還是讓我們保持一股孩子般天真的好奇心吧！

◎ 疊被

教官：阿田，為什麼你的棉被總疊得比阿本差？

阿田：報告長官，阿本入伍前是做豆腐的，而我參軍前是做花卷饅頭的。

⇨三歲看老，早期的經歷有可能影響你的一生。在你不知不覺中，你會顯露出來你最基本最熟悉的動作以及習慣來。

◎ 白板上的黑點

有位老師進了教室，在白板上點了一個黑點。

他問班上的學生說：「這是什麼？」

大家都異口同聲說：「一個黑點。」

老師故作驚訝地說：「只有一個黑點嗎？這麼大的白板大家都沒有看見？」

⇨你看到的是什麼？每個人身上都有一些缺點，但是你看到的是哪些呢？是否只有看到別人身上的黑點；卻忽略了他擁有了一大片的白板（優點）？其實每個人必定有很多的優點，換一個角度去看吧！你會有更多新的發現。

第7章
幽默有技巧

幽默使人的生活變得更輕鬆，使人的頭腦變得更冷靜。幽默的存在是有條件的，這就是大家要用足夠的寬容來理解和承擔它，然後再去享受它。說者脫口而出，聽者理解會意，彼此自然達到幽默的境界。

1．幽默是吹出來的

荒謬的誇張幾乎總能引起人們發笑，因爲荒謬誇張本身包含了不協調，從而能夠產生強烈的幽默效果。

以相聲《笑的研究》爲例：

甲：常言說，笑一笑，少一少。

乙：不，應該是：笑一笑，十年少。

甲：一笑就年輕十歲？

乙：啊！

甲：你這是定期的！我那是活期的。

乙：我們倆存款呢。

甲：你這理論不可靠！

乙：怎麼？

甲：那誰還敢聽相聲？

乙：怎麼不敢聽啊？

甲：你今年多大歲數？

乙：四十。

甲：笑一回剩三十，笑二回剩二十，笑三回剩十歲，說什麼也不敢再笑了。

乙：怎麼？

甲：再一笑沒啦！來的時候騎車子，走的時候抱走啦！劇場改托兒所啦！

這就是誇張。但這裡的誇張不是純粹的、荒謬的誇張。所謂純粹、荒謬的誇張，指的是放開膽子吹牛。可以說相聲如果沒有誇張，便幾乎不成其爲相聲。而誇張也是幽默的重要基石，它能使平凡的生活瑣事被放大一層，從而產生強烈的幽默感。

吹牛大王不僅中國有，老外中也有不少，如果舉辦一場國際性的吹牛比賽，還不知金牌落在誰家。

一個法國人、一個英國人和一個美國人，在一起吹噓他們本國的火車是如何如何地快。

法國人說：「在我們國家，火車快極了，路旁的電線杆看起來就像花園中的柵欄一樣。」

英國人忙接上說：「我們國家的火車眞是太快了！得往車輪上不斷潑水，不然的話，車輪就會變得白熱化，甚至熔化。」

「那又有什麼了不起！」美國人不以爲然地說，「有一次，我在國內旅行，我女兒到車站送我。我剛坐好，車就緩緩開動了。我連忙把身子探出窗口去吻我的女兒，不料「唰」一聲，卻吻到了離我家十英里外另一個車站來送他丈夫出差的新婚妻子。」

吹牛的笑語很多，你平時既可蒐集，也可以創作。有時你也不妨試著吹吹牛，反正吹牛不用上稅，也不會有其他麻煩。美國有個吹牛者俱樂部，專以荒謬誇張吹牛爲樂，可見這種幽默技巧之實用。

2·歪打正著的輕喜劇

「歪打正著」是一種因果關係非常自由的幽默技巧。它的特點是起因與結果的不相干或不相稱。

隨便打開一本西方的連環畫，你便不難找到偶然巧合的連鎖反應。例如，一位先生匆匆忙忙衝進一間客廳，不巧碰到一位太太身上，這位太太的茶杯又落到一位老先生身上，而老先生碰碎一塊窗玻璃，窗玻璃落到街上又正好打中員警的腦袋，員警發動全城的同伴追查，如此等等。非必然非因果性的成分越多，越能引起人的喜劇感。這種喜劇風格在西方文藝中是有傳統的。

試回憶一下賽萬提斯的《唐·吉訶德》，裡面有一場客店的戲，騾夫純出偶然，揍了桑喬一下，桑喬又打了馬立托奈斯，老闆又摔倒在馬立托奈斯身上。在現代西方喜劇中，這屬於通俗喜劇，原因是由純粹的偶然性疊加而成。柏格森把這種形式稱爲「滾雪球」的形式，它的功能是一系列的誤會使原來正常的動因變成了歪曲的結果，而且越來越歪，離原來的目的也越來越遠。

我國有許多喜劇之所以沒有喜劇味道，就是因爲不善於歪打而正著，實際上就是不善於使讀者和觀眾在一次次期待落空之後，並準備著再一次落空之時，突然地、偶然地、意外地把落空變成落實。風靡西方和中國的「唐老鴨的故事」常常把落空積累到極點時，突然讓觀眾驚訝於願望的落實。

在中國的古典正統文學中很少有這樣淋漓盡致的喜劇，但在民間文藝中則不乏此種風格的精品。有一個單口相聲叫做《小神仙》，說的是一個相面的迷信職業者，善於製造聳人聽聞的效果。一天，一個老頭子抱著一把宜興壺往場裡擠，正燙著一個小夥子的胳膊，兩個人吵了起來。小神仙爲穩住看客，就對老頭子說：「你的這把壺出了格啦，今天、明天、後天這三天要摔破。要是三天不摔破，保存到第四天，就會價值連城，賽過聚寶盆哪！」老頭子立即回家尋找安全之地，最後在牆上掏了個洞，把壺放在裡邊。誰知鄰居只有一身做客衣服，白天穿，晚上洗，要在房間裡搭根竹竿晾乾，隔牆釘釘，一錘子正錘在老頭子的壺上，果然碎了。

這是古典型的「歪打正著」，嚴重結果與完全不相干的原因形成反差。

有時並不一定是期待的落實，而是相反，在期待和願望層層演進的過程中，突然無可奈何地落了空。這是西方古典喜劇或幽默小說的常用手法。

3．大詞小用令人捧腹

所謂「大詞小用」，就是運用一些語義分量重、語義範圍大的詞語來表達某些細小的、次要的事情，通過所用詞的本來意義與所述事物內涵之間的極大差異，造成一種詞不符實、對比失調的關係，由此引出令人發笑的幽默。

某校一次年級老師會議上，最後一個議題是決定學生春遊的具體時間和地點。老師們各持己見，意見很多。最後，年級組長提議利用三天時間帶領全年級學生同遊青城山。這個提議很快得到了「共識」。

在一片笑語歡聲中，某老師正色且大聲地說道：「組長，『疾風知勁草，國難識忠臣』，我是堅決擁護您的，跟著您寸步不離。頭可斷，血可流，到了山上也決不把您丟！」

一個普通得再普通不過的人，面對一件極小的事情和說不上是「七品芝麻官」的年級組長，竟說出了類似「文革」中「站隊」的言詞，且用上了只有對領袖才用的詞語。這些「重大」的詞語突然「屈尊」於這輕鬆、隨和的語境，顯得極其不協調。然而正是這種「大」與「小」、「重」與「輕」的言和境對比的失調，才創造出幽默的韻味，活躍了交際氣氛。

作家馮驥才訪問美國，有非常友好的華人夫婦帶著他們的孩子來拜訪，雙方交談得投機之時，馮驥才突然發現那孩子穿著皮鞋跳到了床單上。這是一件令人很不愉快的事，而孩子的父母竟然渾然不覺。此時，任何不滿的言語或行爲都可能導致雙方的尷尬。怎樣讓孩子下床呢？

馮驥才很輕鬆地解決了，憑著他的閱歷和應變能力，他幽默地對孩子的母親說：「請您把孩子帶回到地球上來。」主客雙方會心一笑，事情得到圓滿的解決。

在這裡，馮驥才只玩了個大詞小用的花樣，把「地板」換成了「地球」，但整個意義就大不相同了。地板是相對於牆壁、天花板、桌子、床鋪而言，而地球則相對於太陽、月亮、星星等而言。「地球」這一概念，把主客雙方的心靈空間融入了茫茫宇宙的背景之中。這時，孩子的鞋子和潔白的床單之間的矛盾，便被孩子和地球的關係淡化了。

將一些用於莊重場合的比較嚴肅的語言運用於表現「凡夫俗子」的日常生活，這就是「大詞小用」的幽默技巧。

著名演員趙本山主演的獲獎小品《相親》，就有這樣的臺詞：「你從小歸父母管，出嫁了歸丈夫管，老了又歸兒女管，你啥時候能給自己承包一段，自己說了算。」還有：「兒女的信，父母看就是領導審查。」

在這裡，作者把「承包」、「領導審查」這些政治經濟生活中的術語，巧妙地用在日常普通生活中。觀眾的笑聲、掌聲便證明了它的幽默與魅力。

有一位作者撰文介紹著名演員葛優時說：「燕京飯店附近有一座高樓，其中一套住著一個前額是『廣闊天地大有作爲』的小夥子，他叫葛優。」

這裡把當年用於號召知識青年上山下鄉的「毛語錄」用來形容葛優的形象，既讓人想到他的高額大腦的長相，又讓人聯想到他在喜劇表演藝術上的功力以及他大有可爲的遠大前程。

在社交活動和日常生活中，類似地把男女戀愛關係的結束戲稱爲「斷絕外交關係」，把參加工作後的第一天上班謂之「走馬上任」，甚至把患「妻管嚴」的丈夫對妻子的談話戲謔爲「早請示，晚彙報」等等，都屬於「大詞小用」法的類型。

「大詞小用」作爲幽默技巧之一，隨著它在日常生活和現代社交活動中的廣泛應用，將給人們的生活帶來越來越多的歡樂和笑聲。

4．隨意可成就幽默

「隨意成趣」，是對產生幽默趣味的種種技巧的綜合運用，乍一聽，是信口開河，再一想，卻耐人尋味。

我們這裡所說的隨意，並不像海市蜃樓那樣虛無縹緲，讓人難以捉摸，而是貼近生活的。完全可以套用一句搓麻將的術語：

自摸。

隨意就是順其自然，自然才能成趣。枯藤老樹昏鴉，小橋流水人家……這是古典意趣；白天鵝賓館、金三角企業家俱樂部、新空氣藝術團、知了書屋、阿信小吃店、咪咪髮廊……則頗有現代氣息。

要是來個無底洞夜總會、聊齋咖啡屋、野豬林舞廳，這樣取名不倫不類不說，又有誰敢去問津光顧呢？

因此，運用「隨意成趣」的幽默技巧，要具備兩個條件：

一是和諧，二是自然。

夏夜，有個人在朋友家小坐。「啪」地一聲，他打死一隻蚊子。一摸，胳膊上已經鼓起一個大包。

「咦！這蚊子怎麼專叮外來人啊？」

「這是我們家的看門蚊子！」男主人笑了。

「哼！」女主人卻借題發揮，說：「連我家的蚊子也學會喜新厭舊了。」

一時不知道這話裡包的是什麼餡，客人坐也不是，走也不是。「嗯……啊……明白，我明白了……」客人突然自言自語，念念有詞。

「你在跟誰說話呢？」女主人驚異地問。

「你沒看到你們家的看家蚊子在跟我咬耳朵嗎？」

「那牠跟你說什麼？」

「牠說哼哼哼，又說嗡嗡嗡。聽懂了吧？」

「我又不是蚊子！」女主人忍不住笑了。

「牠對我說，我咬了你一口，才知道你只是來做客的，要不然，我還當你是第三者呢！」

大家都笑了。幽默趣味驅散了夫妻間即將發生的一場風波。這就是和諧。

5．借語作橋找幽默

「借語作橋」是指交談中的一方從另一方的話語中抓住一個詞語，以此爲過渡的橋樑，並用它組織成自己的一句對方不願聽的話，反擊對方。

過渡橋樑有一個特點，那就是兩頭相通，且要契合自然，一頭與本來的話頭相通，另一頭與所要引出的意思相通，並以天衣無縫爲上。

馬克．吐溫有一次在鄰居的圖書室流覽書籍，發現有一本書很吸引人。他問鄰居是否可以借閱。

鄰居說：「歡迎你隨時來讀，只要你在這裡看。你知道我有個規矩，我的書不能離開這個房子。」

幾個星期後，這位鄰居來訪馬克．吐溫，向他借用鋤草機。馬克．吐溫說：「當然可以，但是按我的規矩，你只能在我的院子裡使用它。」

馬克．吐溫的幽默感表現在借用對方的詞語表述了與對方意願相悖的意思。

「借語作橋」法的難處，不是尋找兩頭契合的詞語，而是從對方的話頭中看中一個詞語，把它抽出來，這個詞語要便於組成你自己的語句。這好像是小學生做造句練習，不過比小學生的造句練習多了一個要求，那就是造出來的句子意思不得與對方的願望一致或相似，只能與對方的願望相反或相錯。

英國作家理查·薩維奇患了一場大病，幸虧醫生醫術高明，才使他轉危爲安。但欠下的醫藥費他卻無法付清。最後醫生登門催討。「你是欠了我一條命的，我希望有價報償。」

「這個明白。」薩維奇說：「爲了報答你，我將用我的生命來償還。」說罷，他給醫生遞過去上下卷的《理查·薩維奇的一生》。

這比向對方表示拒絕或懇求緩期付款要有趣得多。其方法並不複雜，不過是接過對方的詞語（生命），然後以歪解，把「生命」變成「一生」。顯然，兩者在內涵上並不一致，但在概念上能掛上鉤就成。

「借語作橋」法的功能很多，不一定都得用於鬥智性的戲謔，也可用於一般性的調侃。其特點是抓住對方話頭中的一個詞語，構成一個無任何攻擊性的句子。

「借語作橋」在於接過話頭以後，還要展開你想像的翅膀，敢於往脫離現實的地方想，往荒唐的、虛幻的地方想。千萬別死心眼、傻乎乎，越是敢於和善於胡說八道，越是惹人喜愛。

6·推陳出新來自模擬幽默

「模擬幽默」就是把大家熟悉的原本的語言情境，移置新意，與原意形成對照，從而產生不協調之趣，造成幽默感。

運用「模擬幽默」要把握好這樣三個字──名、熱、新。

「名」就是你所模擬的應當是知名度高的名篇、名言、名句，或大家熟悉的成語、臺詞、俗話等。

「熱」就是你要表達的內容應與時代合拍，最好是人們關心思考或者有爭議的熱門話題，這樣就能很快引起人們的聯想，馬上產生共鳴。

「新」就是觀點新。這是模擬幽默法的靈魂。也就是說，舊瓶裝新酒還不夠，還必須裝上新的氣息，以造成醉人的氣氛。

「模擬幽默」的技巧有順擬法、反擬法、別擬法、擬人法等。模擬的要訣在於出人意料地把毫不相關的事扯在一起，內容越是風馬牛不相及越好，距離越大越能引起驚訝；在形式上則是越接近，越有幽默的效應。

順擬法是順著舊格式擬出新的內容。由於這種手法多用於觸景生情而即興創作，所以，常能迸發出新的寓意和偶發詞。

反擬法就是把我們日常生活中的習慣用語，偶爾反用其意，造成新奇的幽默感。比較而言，反擬比順擬更能留下深刻的印象，這是反差造成的效果。

有一位領導，在大會上做報告。爲了同腐敗現象鬥爭到底，他堅決地說：「誰說我們總是殺雞給猴看？我們還要殺猴給雞看呢！」

反腐關係到我們黨和國家的生死存亡，「殺猴給雞看」這個反擬的幽默在這場鬥爭中，不是扮演了一個恰如其分的角色嗎？

反擬法看起來簡單，只要將現成話反過來說，但是必須說到點子上，才有幽默感。只要你懂得點到爲止的道理，強扭的瓜也會變甜。

別擬法就是要擬出幽默的別擬來，這也是我們經常有意無意地運用的。比如，我們把那些爲兒子安排錦繡前程的父親叫做「孝子」，這已不是封建禮教所指的「孝子賢孫」了，而是孝順自己兒子的「孝子」了。

別擬法要擬得自然貼切，切忌生搬硬套，應當追求一種天然的妙趣，人爲的痕跡越少越好。

我們爲什麼要通過模擬的方法，使幽默感在模擬中創新呢？一方面是順應人們喜新厭舊的心理，另一方面也不忽視人們喜新戀舊的心理，將這兩種心理移植在一起，便產生了模擬幽默法。

我們說好作品百讀不厭，這是誇張。不管什麼人，只要口頭禪一多，就會缺少幽默感。這時，一個最經濟的辦法，就是運用「模擬幽默」法來推陳出新。

7．含而不露盡顯幽默

說話含蓄，是一種藝術，也是幽默的一大技巧。常言說：「言已盡而意無窮，含義盡在不言中。」「含蓄表達」，是把重要的、該說的部分故意隱藏起來，卻又能讓人家明白自己的意思，而且把幽默寓於其中。

「含蓄表達」這種幽默技巧，有一定的難度。它要求講究說話的藝術，並具有高雅的幽默感。它體現了說話者駕馭語言的能力和含蓄表達幽默的技巧，同時表現了對聽眾想像力和理解力的信任。

如果說話者不相信聽眾豐富的想像力，把所有的意思和盤托出，這樣不但起不到幽默的作用，而且平淡無味，言語遜色，使人厭倦。因此，有的話不必直說，甚至把本來可以直說的話，故意用「含蓄表達」法表達，從而產生一種耐人尋味的幽默效果。

有這樣一個例子能體現「含蓄表達」的幽默藝術：

有一個酒店老闆，脾氣非常暴躁。一天，有位客人來喝酒。客人剛喝了一口，嘴裡便叫：「好酸，好酸！」

酒店老闆大怒，不由分說，把客人綁起來，吊在屋頂上。這時來了另一位顧客，問老闆為什麼吊人。老闆回答：「我店裡的酒明明香醇甜美，這傢伙硬說是酸的，你說該不該吊？」

來客說：「可不可以讓我嘗嘗？」老闆殷勤地給他端來一杯酒。客人呷了一口，酸得皺眉瞇眼，對老闆說：「你放下這個人，把我吊起來吧！」

後一個顧客顯然機智地用含蓄表達法，幽默地表達了酒酸的事實，使老闆明白了酒的確是酸的。

下面看看「含蓄表達」和「鋒芒畢露」相對比的例子。

有一家理髮店，門前貼著一副對聯：「磨刀以待，問天下頭顱幾許；及鋒而試，看老夫手段如何！」

這副直來直去的對聯，磨刀霍霍鋒芒畢露，令人膽寒，嚇跑了不少顧客，自然門可羅雀。

而另一家理髮店的對聯則含蓄幽默：「相逢盡是彈冠客，此去應無搔首人。」上聯取「彈冠相慶」的典故，含有準備做官之意，又正合理髮人進門脫帽彈冠之情形。下聯意即人人中意，心情舒暢。兩家理髮店相比，效果自然不言而喻。

「含蓄表達」的幽默技巧，有時是人們用故意遊移其詞的手法，既不違背語言規範，又給人以風趣幽默之感。如有的演員自嘲長相差，便說自己「長得困難」、「對不住觀眾」。營業員遇到顧客買了商品未付款而準備離開的情形時，問一句：「我給您找錢了嗎？」大多數顧客會馬上回答：「哦，我還沒付款呢！」而說一個人「貪睡」爲「對床鋪利率高」等等，都是對這種技巧的運用。

8．婉言曲說真幽默

「曲說隱衷」的幽默技巧，就是拐彎抹角、曲折暗示地陳述，從而達到表述隱衷的目的。通常情況下，幽默與直截了當地表述隱衷無緣，直抒胸臆是抒情的效果，而不是幽默的效果。

幽默都以間接暗示，誘使對方頓悟為上，如有隱衷，拐彎倒比一吐無餘聰明。

社交場中有許多衝突產生，由於某些利害關係，對朋友所作的當場的批評，也自然以暗示為主，最好是以荒誕不經的方式啓示他。

當你對什麼不可改變的事情覺得不滿意從而感到困窘時，如果你直接把它表達出來，並不能顯示你有什麼過人之處。如果你能用曲折暗示的方法，說明你對困窘似乎採取無所謂的態度，那你就是一個有幽默感的人。

有一個愛占小便宜的人，常在別人家白吃白喝，吃了上頓等下頓，住了兩天又兩天。一次，他在一個朋友家吃了三天後，問主人：「今天弄什麼好吃的呀？」

主人想了想，說：「今天弄麻雀肉吃吧！」

「哪來的那麼多麻雀肉呢？」

主人說：「先撒些稻穀在曬場上，趁麻雀來吃時，就用牛拉上石滾一碾，不就得了嗎？」

這個愛佔便宜的人連連搖手說：「這個辦法不行，還不等石滾碾過去，麻雀早就飛跑了。」

主人一語雙關地說：「麻雀是佔便宜占慣了的，只要有了好吃的，怎麼碾（攆）也碾（攆）不走的。」

主人的曲折暗示，不知這位愛佔便宜的人領會了沒有。如果聽懂了再不走，主人又該用什麼方法呢？

有時要表達一種願望，這種願望並無難言之處，但仍然以曲折暗示爲趣。

有個酒徒，貪戀杯中之物，酒醉之後常常誤了大事。妻子多次勸他，他怎麼也聽不進去。一天，他的兒子對他說了幾句話，卻使他心靈受到極大的震動，以後就再也不喝酒了。

原來，他的兒子說：「爸爸，我送給你一個指南針。」

「孩子，你留著玩吧，我用不著它。」

「你從酒館出來時，不是常常迷路嗎？」

在這個故事中，兒子用的就是「曲說隱衷」。兒子對父親老是喝醉酒深爲不滿，但作爲小輩，又不便直接對父親的行爲提出批評，於是便以這種委婉的方式向父親提出勸誡。這種勸誡幽默詼諧，效果也是顯而易見的。

9．推理變幻莫測的幽默

「推理幽默」是借助片面的、偶然的因素，構成歪曲的推理。它主要是利用對方不穩定的前提或自己假定的前提，來推理引申出某種似是而非的結論和判斷。它不是常理邏輯上的必然結果，而是走入歧途的帶有偶然性和意外性的結果。

人們的言論或行爲，一般情況下，不可能像科學推理那樣嚴密、周全，都有其變幻性和動搖性。有幽默感的人，比較善於抓住這一點，推理出變化莫測的花樣，去調侃對方或調侃自己。

因此，「推理幽默」是很容易找到其幽默前提的，一個人只要思維自由，構思敏捷，就有應用自如的可能。

「推理幽默」在你的社交生活中極具實用價值，它總能讓你在情況不斷變幻的條件下找到有利於自己的理由，哪怕互相反對的理由，也都能爲己所用。

有人請阿凡提去講道。阿凡提走上講臺，對大家說：「我要跟你們講什麼，你們知道嗎？」

「不，阿凡提，我們不知道。」大夥說。

「跟不知道的人，我要說什麼呢，還說什麼呢？」

阿凡提說完，便走下講臺離開了。

後來，阿凡提又被請了過去。他站到講臺上問：「喂，鄉親們！我要跟你們說什麼，你們知道嗎？」學乖了的人們馬上齊聲回答：「知道！」

「你們知道了，我還說什麼呢？」阿凡提又走了。

當阿凡提第三次登上講臺，又把上兩次的問題重複一遍後，那些自作聰明的人一半高喊：「不知道！」另一半則喊：「知道！」

他們滿以爲這下可難住了阿凡提。哪兒知道，阿凡提笑了笑說：「那麼，讓知道的那一半人，講給不知道的另一半人聽好了！」說完揚長而去。

阿凡提的過人之處就在於他利用「知道」與「不知道」這兩個不具體而虛幻的原因，從而推理出與大家希望完全相反的結果，以不變應萬變，不管對方怎麼變幻情況，理由也跟著變幻，而行為卻一點不變。這就是「推理幽默」的技巧，能讓你在社交中超凡脫俗、瀟灑自如的妙處。

10．反語幽默耐人尋味

「反語幽默」就是用相反的詞語表達本意，使反語和本意之間形成交叉。

「反語幽默」的技巧在於以反語語意的相互對立為前提，依靠具體語言環境的正反兩種語意的聯繫，把相對立的雙重意義輔以其他手段，如語言符號和語調等襯出，使對方由字面的含義悟及其反面的本意，從而發出會心的微笑。

「反語幽默」是造成含蓄和耐人尋味的幽默意境的重要語言手段之一。簡言之，就是故意說反語，或正語反說或反語正說。

實際上人們常愛說反語，比如，到朋友家參加聚會，你發現朋友的夫人越來越胖了。有幽默感的你就可以說：「啊，我有那麼久沒來了嗎？你怎麼越來越苗條了。」對方會嗔怪地笑起來。

「反語幽默」一般有一定的攻擊性。如果有針對性，要注意分寸，主要看對方與你的關係是否經得住刺激。此外還得考慮場合和其他條件。有時同樣一句話在一種場合下可以講，在另一種場合下就不能講，對同樣一個人在他心平氣和時能講，在他心境很差時就不能講。

準確地把握對方的心境和環境的性質，同時把握自己說話的分寸，是有幽默感的人的重要修養。如果在這一點上粗心大意，那就不但幽默不起來，而且可能傷害了對方的自尊心，弄僵關係。可見，「反語幽默」在對象面前，一定要考慮其複雜性。

《鍍金時代》是美國幽默大師馬克・吐溫的傑作。它徹底揭露了美國政府的腐敗和政客、資本家的卑鄙無恥。小說發表之後，記者採訪了馬克・吐溫。他答記者問說：「美國國會中，有些議員是狗婊子養的。」

此話一經發表，各地的報紙雜誌爭相轉發，美國國會議員因此暴怒，說他是人身攻擊。正因不知哪些議員是狗婊子養的，便人人自危。於是群起鼓噪，堅決要馬克・吐溫澄清事實並公開道歉，否則將以中傷罪起訴，求得法律手段保護。

幾天之後，在《紐約時報》上，馬克・吐溫刊登了一則致美國國會議員的「道歉啓事」——「日前鄙人在酒會上答記者問時發言，說『美國國會中有些議員是狗婊子養的。』事後有人向我興師問罪。我考慮再三，覺得此話不恰當，而且不符合事實。故特此登報聲明，我的話應該修改如下：『美國國會中有些議員不是狗婊子養的。』」

這段「道歉啓事」，只在原話上加上一個「不」字，前邊說「有些是」，唯其未指出是誰，因此人人自危；後改成「有些不是」，議員們都認爲自己不是狗婊子養的……於是，那些吵吵鬧鬧的議員們不再過問此事。

馬克・吐溫以他自己超人的智慧平息了這場風波。他以反語的手法，使本來對他懷有敵意的人們諒解了他。

這就是「反語幽默法」的魅力之所在。

11・暗示幽默要會說也會悟

何謂「暗示幽默」即對事物表達自己的看法，不是通過直說，而是通過種種可能進行曲說，並達到幽默效果的幽默技巧。

「暗示幽默」廣爲人們喜歡，其原因在於它在多方面對人們的面子進行了照顧。面子後面躲著自尊，如果有人在某些方面傷害了你，你用露骨的方法去刺他，不論他的面子後的自尊有沒有教養，它都不允許自己被刺，那麼仇恨、報復就由此產生了。

如果運用「暗示幽默」來解決，首先照顧了他的面子，而婉轉曲折的話語卻能達到尖銳的實質。一方面他會知難而退，另一方面，他會因照顧了他的面子反而對你有欽佩和感激之情了。

有一對夫婦，丈夫做錯了一件事，妻子不但不理解，反而更加嘮叨得令人生厭。於是，丈夫火氣十足地說：「請別這樣嘮嘮叨叨了好不好，不然，我要在桌上痛打十巴掌了。」

「關我屁事，打呀，打！」想到肉痛的不是她自己，妻子反而火上澆油。

「但是，」丈夫道，「經過這十巴掌的鍛鍊，第十一巴掌打在臉上的話，可就不好受了。」

妻子聞言戛然而止。大概她領會了丈夫內心的火氣，不想讓自己的臉作爲丈夫下一波攻擊的對象了。

在這個幽默的對話裡，丈夫打了十巴掌，第十一個巴掌打在什麼地方，就是一種暗示。這個暗示包含了如下意思：我心裡很火、很煩，需要理解和清靜。現在我得不到這些，反而遭受另一種折磨，我有點忍無可忍了。因此，你最好住口，否則就別怪我不客氣了。「不好受」一詞，則承擔了抗議的任務，這就是「暗示幽默」了。

有一對情人正在熱戀中。一天晚飯後，他們一起出去散步，看見一頭牛在默默地吃草，緩緩地移動。

小夥子指著牛對姑娘說：「看那頭牛多好呀，悠然自得，樂不思返。」

姑娘微微一笑，回答他說：「那頭牛好是好，但也有不盡如人意的地方。」

小夥子說：「怎樣才能盡如人意？」

姑娘道：「要是這頭牛吃了晚飯，把碗筷統統端進廚房洗了，就更盡如人意了。」

小夥子不好意思地笑了，顯然是接受了姑娘這幽默的暗示，想起了自己在未來的岳母家吃了飯，便一丟碗筷的習性，這可能會使未來的岳母不好印象吧。

12・讓動物說人話

作家們創作童話、動畫和寓言時，常用擬人化手法。讀者也能從童話王國、動畫世界和寓言故事裡尋找出幽默的感覺。

爲了表現和平這個永恆的主題，有人畫了一頭鬥牛，卻將兩隻牛角打成了一個蝴蝶結，而且讓牛優閒地聞著一朵鮮花。

牛角是不可能打成蝴蝶結的，就像大灰狼不可能戴上一頂鴨舌帽一樣，但是幽默感就是從這不可能中產生的。

「擬人幽默」，是人與世間萬物的交流和對話，使人與大自然更加親密和諧，這也是幽默所要追求的一種效果。

一天，一位法國人去拜訪他的英國朋友。當他走近朋友的住宅時，一條大狗躥出來對他汪汪吠叫。法國人嚇得止住了腳步。正在這時，他的英國朋友出來看見了他，忙說：「不要怕，有條諺句語說：『汪汪叫的狗不咬人』，你不知道嗎？」

那位法國人馬上答道：「我知道這條諺語，你也知道這條諺語，可這狗……牠老兄知道這句諺語嗎？」

這則幽默的絕妙之處就在於最後一句話，法國人故意將人和狗相提並論，將狗人格化，把它當成一種會思考的動物，從而既發洩了心中的不悅，又不失禮貌。他所採用的幽默技巧，就是「擬人幽默」。

從某種角度來看，我們不能說動物沒有情感，但是動物畢竟缺乏動機。而擬人則賦予動物強烈的感情色彩和某種動機，把某些無意識的結果變成有意識的自覺行爲，幽默往往由此而生。

請看下面一段對話：

——昨天你的馬騎得怎麼樣？

——不太壞。問題是我那匹馬太客氣了。

——太客氣了？

——是呀！當騎到一道籬笆時，牠讓我先過去了！

大家一聽便知發生了什麼事情，馬把這位先生摔下來，並非有意爲之，只是由於跨欄技術尚不達標。而主人把自己被摔的遭遇反解爲馬的「客氣」。主人正是用擬人幽默法來追求一種自我解嘲的喜劇效果。

「擬人幽默」不僅能夠產生自我解嘲的效果，而且巧妙地運用它可以達到嘲諷他人的強烈的幽默諷刺效果。

請看一則阿凡提的故事《驢的朋友》。

有一個新上任的縣官，聽說阿凡提機智，很不服氣，揚言要把他戲弄一番。

阿凡提知道了這件事，就自動騎著毛驢來到衙門，對縣官說：「我來啦！」

縣官看見他和毛驢一同進來，故意大聲招呼說：「歡迎你們兩位一同光臨！」

阿凡提拍了拍驢背，毛驢昂頭叫起來，又是甩蹶子，又是搖尾巴。阿凡提說：「我的這頭蠢驢在家說，牠的朋友當了縣官，非叫我帶牠來見見不可！」

縣官脹紅著臉說：「那是你的驢，同我有什麼相關？」

阿凡提對毛驢說：「我叫你不要來吧，你的朋友一當了縣官，就不認你啦！」

鄉親們聽罷，一起大笑起來。

縣官和阿凡提同時使用了擬人法，把毛驢人格化，然而阿凡提技高一籌，活靈活現地把他的毛驢說成是縣官的朋友，達到了嘲諷縣官的幽默效果。

語言是人創造的，是人類的專利產品，因而人輕易不願與動物享受同等語言待遇。但在某些時候、某些場合，不妨讓動物說說人話，會別有一番情趣。不信，你試一試。

◎ 原來如此

甲：「我那新搬來的鄰居好可惡，昨天晚上竟然在三更半夜、夜深人靜之時，還跑來猛敲我家的門。」

乙：「的確可惡！你有沒有馬上報警？」

甲：「沒有，我當他們是瘋子，繼續吹我的小喇叭。」

⇨事出必有因，如果能先看到自己的錯誤，答案就會不一樣。

◎ 迴避

一天阿里斯提剛巧碰到一個人在罵自己。阿里斯提聽後試圖溜走。那人追上去好奇地問他為何要跑。阿里斯提回答說：「使用下流的語言是你的權利，不聽下流語言也是我的權利。」

⇨有時迴避並非膽怯，而是輕蔑。

◎ 兔子和烏鴉

烏鴉站在樹上，整天無所事事。兔子看見烏鴉，就問牠：「我能像你一樣站著，每天什麼也不幹嗎？」烏鴉說：「當然，有什麼不可以的。」於是，兔子在樹下的空地上開始休息。忽然，一隻狐狸出現了，牠跳起來就抓住兔子，把牠吞進了肚子。

⇨如果你想站著什麼也不幹，那你必須站得非常高。

◎ 拉大糞

一隻小鳥飛到南方去過冬。天太冷，小鳥幾乎被凍僵了，於是牠飛到一大塊空地上。一頭牛經過那，拉了一堆牛糞在小鳥身上。凍僵的小鳥躺在糞堆裡，覺得好溫暖，漸漸蘇醒過來。牠溫暖而快活地躺著，不久開始唱起歌來。一隻路過的貓聽到歌聲，便走過去看個究竟。循著歌聲，貓很快發現了糞堆裡的小鳥，把牠拽出來吃掉了。

⇨不是每個往你身上拉大糞的人都是你的敵人，也不是每個把你從糞堆裡拉出來的人都是你的朋友。還有，當你躺在糞堆裡的時候，最好把嘴巴閉上。

◎ 究竟信誰

某人找鄰居借用毛驢，鄰居回答說：「我的毛驢目前不在。」話音剛落，毛驢在圈裡發出了叫聲。

「那不是你的毛驢嗎？」

「你相信人，還是相信驢子？」

⇨虛偽的人還不如誠實的驢子更能讓人相信。

◎ 黑白同居

燒炭的人單獨租住一間房子，為了節省房租，他一直想找個人合租。一天，他恰巧遇見一個漂布的人，想租房子住，正在到處尋找。燒炭的人對漂布的人說：「那咱倆住一塊兒吧，房租一人一半。」

漂布的人說：「房租不是大問題，問題是咱倆根本就不可能住一起。」

燒炭的人問：「那為什麼？」

漂布的人說：「這不明擺著嗎？我好不容易漂白的布，都會被你弄黑的。」

⇨人與人之間的關係遠近，更多的時候是一種感覺，而不是刻意的追求。如果感覺不對胃口，就不要再做無謂的努力。

◎ 誰使其然

英國羅馬天主教牧師羅德納・諾克斯，有一次與科學家霍爾丹討論神學問題。

霍爾丹推論說：「宇宙之間存在無數顆行星，難道就不可能有一顆行星上有生命嗎？」

「先生，」諾克斯說，「如果倫敦的員警在你家的大衣櫃裡發現一具屍體，你會對他們說：『世界上有無數個大衣櫃，難道就不可能有一個大衣櫃裡有具屍體嗎？』我看員警必定會研究到底是誰把它放在裡面的。」

⇨不要以為可能性大，就無端地下必然的結論。

◎ 生日禮物

細菌學家對自己的妻子說；「親愛的，我已經準備好了一件意外的禮物，在你生日那天送給你。」

妻子：「好極了，是什麼呢？」

「以你的名字來為新病毒命名。」

⇨看來，不分場合和時機地突出自己的職業專長，並不見得就是什麼好事情，甚至會起到適得其反的效果。

◎不足之處

飯店經理對女服務生們說：

「今天，你們應該特別注意服務態度。」

「是有什麼重要人物來這裡吃飯嗎？」女服務生們問。

「不，今天，我們這裡供應的肉煮得太老了。」

⇨心虛的人說話往往會軟三分，這是因為理虧而擔心別人發難。與其這樣，還不如及時採取有效的措施避免這種被動局面的出現。

◎聰明老子

有一次，喬治和他的父親一起去山中打獵。一遇到野物，喬治便看到爸爸端起槍，瞇縫著一隻眼「啪」地一聲扣動扳機。

喬治好生奇怪，問父親：「爸爸，您為什麼瞄槍時老閉著一隻眼睛呢？」

爸爸回答：「傻孩子，你怎麼總是提這麼簡單的問題？要是兩隻眼睛都閉上，能看得見東西嗎？」

⇨人世間的事情，有些需要閉上眼睛才能用心體會到，有些需要睜一隻眼閉一隻眼才能集中注意力於那一點，而有些又需要你睜大了雙眼才能看清楚。

◎ 方向不對

東方快車上，列車員看了一位老太太的票之後說：「這是從柏林到巴黎的票，可我們這趟車是到伊斯坦布爾的。」

老太太嚴肅地看看列車員問：「怎麼辦，難道就連司機也沒發現他開的方向不對嗎？」

⇨遇到爭執的時刻，每個人都會以自己的標準為正義的標準，並以此責怪他人。

◎ 苦修者的誠意

有個和尚，夏夜裡赤身裸體地坐在山邊，讓蚊子來咬他。他要捨身餵蚊子，口裡還不停地念著佛經，以求苦修成佛。觀音大師想考驗他的誠心，就變成一隻老虎來到山邊，看看他能不能捨身餵虎。和尚看見來了一隻老虎，慌忙起身逃走，邊跑邊喊：「今天晚上碰見這麼大個的，我這個東道主怎麼能做得起？」

⇨平日裡看似大度的人一遇到根本的利害衝突，就經受不住考驗了。真正想了解一個人，就看他在一些特殊、關鍵時刻的表現。

◎ 主人和僕人

有個人外出經常帶著僕人，可每當飲酒的時候，他只管自己喝，從來不給僕人。一次，又有人請他喝酒，僕人用墨水把自己的嘴唇給塗黑了，站在主人旁邊。主人見了說：「這奴才的嘴，今天怎麼了？」僕人說：「只顧你的嘴，不要管我的嘴。」

⇨在這個功利性很強的社會中，對話是需要身分的，沒有一個平等的身分，再怎樣努力巧妙地提醒對方，也不會被人重視、理解。

◎ 出難題

某甲出個謎語說：「上柱天，下柱地，塞得乾坤不透氣。」問某乙是什麼東西。某乙說：「我也有個謎語讓你猜：頭朝東，尾朝西，塞得乾坤不透氣。」某甲說：「不知道。」某乙解釋說：「就是你說的那個東西，我放倒了。」

⇨「以其人之道還治其人之身」，有時難為別人就是難為自己，希望通過貶低別人來提升自己的方法往往是不可行的。

◎ 油彩未乾

畫家把他幾幅精美的油畫雇用貨車運到展覽會場去。他特別叮囑司機：「小心點！畫上的油彩還沒乾透。」司機說：「沒關係，我穿的都是舊衣服。」

⇨生活是大家的，責任就是公益！不要總為了自己的利益盤算，多為別人，為公利著想，設身處地，無私奉獻——你一定會得到生活的回報！

◎ 以牙還牙

一位看上去很有魅力的女子坐在酒吧裡，一位男士走過去說：「請問這兒有人嗎？」女子臉上開始呈現出迷惑不解的表情：「什麼？去汽車旅館？」男士重複了一遍問題，女子報以同樣的回答。男士覺得氣呼呼，但是沒有說什麼，回到自己位置上坐下了。過了一會兒，女子到男士桌邊說：「對不起，我是學心理學的，在研究人們遇到莫名其妙的回答時會有什麼表情。」男士高聲地反問道：「什麼，這種貨色，要一百美元？」

⇨不尊重別人，怎麼要求別人尊重自己？既然希望得到尊重，就要首先尊重別人，因為尊重別人，才會贏得別人的尊重！

◎ 最吃驚的

新學期開始，每個男生都要上臺作自我介紹。當一位很清秀的男生作自我介紹的時候，主持人問道：「請問你有沒有被別人誤以為是女生？」「當然，」那男生不以為然，「從小學時老師就一直把我當作女生，直到有一天，我一氣之下剃光了我所有的頭髮。」「那老師們一定很吃驚吧？」「嗯！不過最吃驚的不是老師，而是那位很殷勤地為我提了一年書包的男生。」

⇨不應只根據外表來判斷一個人的性質，眼睛所看見的不一定是真實的，不要因為片面的認識而做出一些愚蠢、可笑的舉動。

◎ 半夜的聲音

有個蹩腳的歌唱家直到半夜還在聲嘶力竭地練聲，鄰居忍無可忍，敲牆壁向他表示抗議。

歌唱家氣憤異常，立刻探出頭朝鄰居的窗戶大喊：「都快一點鐘了，你還往牆上釘釘子，你不覺得太不是時候嗎？」

⇨利益之間的平衡，不僅僅需要爭取，更需要克制與寬容。不要總是抱怨別人妨礙了自己，很多時候，恰恰是因為我們首先妨礙了別人。

◎ 鋼琴的牙齒

「媽媽，你知道誰的牙根是黑色的，而牙齒是白色的？」

「不知道，娜佳。你能說說看嗎？」

「鋼琴。」

⇨生活中的許多事情是不能用常理來推測的，有的時候不妨發散一下思維，發揮一下想像的空間，人生也許會從此不同。

☑「李先生，你走錯病房了，你太太在隔壁的601室呀！」

☑「你不要動不動就召喚我出來，那邊的事也該讓我先辦完……」

◎ 離題

父：「孩子，我替你寫的那篇作文，評上優秀獎了嗎？」

子：「沒有，老師說寫得太離題了。」

父：「不會吧！作文題目不是《我的父親》嗎？」

子：「是啊，可您寫的是我爺爺那個年代呀！」

⇨人各有異，一成不變的套用別人的經驗和東西是不可能完全適合你自己的實際情況的，根據自己的實際融會貫通，才能夠不著痕跡。

◎ 世界上最好的老公

幾個男人在一家私人俱樂部運動後進入更衣室休息，突然放在一條長凳上的手機響了起來，一個男人拿起它，接著就有如下的對話——

男：「喂？」

女：「親愛的，是我。你在俱樂部嗎？」

男：「是的。」

女：「太棒了！我就在離你那兒只有兩條街的購物商場內。我看見一件非常漂亮的貂皮大衣，它非常高貴華麗！我可以將它買下嗎？」

男：「價格如何？」

女：「只要一萬五千美元。」

男：「好，如果你那麼喜歡它，就去買下它吧。」

女：「哦！還有剛剛我經過賓利代理店時看見今年新款。那款車我十分喜歡，我已經和銷售員交談過，他願意給我一個相當不錯的價錢，再說我們也需要將前年買的寶馬給換了。」

男：「那他出什麼價？」

女：「六萬美元。」

男：「好吧，我希望它的配備功能要齊全。」

女：「太棒了！在我們掛機之前，還有些事。」

男：「什麼事？」

女：「可能看起來太多了，不過我是參考你的銀行帳戶來的。今天早上我經過房產代理處，發現去年我們看中的那幢房子正在拍賣！你還記得嗎？就是那幢帶有一個游泳池、英式花園、停車場、位於海濱地區的。」

男：「多少錢？」

女：「他們現在開價四十五萬美元，親愛的，這個價錢非常合理……」

男：「好吧，你既然喜歡就買下它吧，但必須再殺價到四十二萬美元，好嗎？」

女：「好的，沒問題，親愛的！謝謝你！我過會兒來看你！我愛你！」

男：「再見！我也愛你。」

這個男人掛了線，關上手機了，然後舉起他那隻握著手機的手，問所有在場的人：「有誰知道這個手機是誰的？」

⇨當別人很大方地一擲千金的時候，你一定要提高警惕，因為天下沒有免費的午餐。

第8章
幽默的訓練

有人說過，幽默感是判斷一個偉大民族智慧和氣質的尺度。

幽默是話語，具有愉悅、美感，批評教育和諷刺的作用。口才的培養，不僅僅在於口齒伶俐，以幽默的談吐來增強交際的生動性和親切感，已被看成是一個人的優點。國外把是否「有幽默感」作爲評價大學教學好壞的標準之一。可見，語言具有幽默感是何等的重要。

有的人說，幽默的確重要，但我這人天生嘴笨，不可能有風趣幽默的談吐。幽默眞是天生的嗎？事實並非這樣。幽默是可以訓練的。

1·良好的文化素養和表達能力

一個人的幽默談吐，是同他的聰明才智緊密相連的。因此，這就要求我們有良好的文化素養，豐富的文化知識。如果一個人對古今中外，天南地北的歷史典故、風土人情等等各種事情都有所了解和掌握，再加上較強的駕馭語言能力，說話就容易生動、

活潑和諧趣。古今中外著名的幽默大師往往都是語言大師。幽默並不是矯揉造作，而是自然地流露。有人非常有見地、且深有感觸地說：「我本無心講笑話，笑話自然從口出。」其中的道理正說明了這一點。

在古今中外浩瀚如海的書籍中，特別是在諷刺小說、喜劇劇本、笑話集和寓言等作品中，關於幽默語言的記述甚多，多多閱讀這些作品，我們可以從中受到啓發。此外，還可以多欣賞些滑稽劇、相聲等文藝節目，從而開闊眼界，豐富知識。因爲，幽默是在廣聞博見的基礎上產生奇妙聯想而湧現出的語言，有時只需幾句話就能說明許多問題。對實際事物，對歷史知識所知甚少的人，一個孤陋寡聞、離群索居的人，是很難把話說幽默的，當然就談不上有幽默感了。

我國有源遠的幽默歷史傳統。如我國四大古典長篇小說《三國演義》、《西遊記》《水滸傳》、《紅樓夢》，或全篇富於幽默諧趣的基調，或其中不少人物形象生動，情節幽默風趣。多讀一些中外名著對提高一個人的文化素質，增強一個人的表達能力大有好處，從而能逐步地培養自己的幽默感。

另外，多讀些短小的幽默作品也讓人受益匪淺。三國時魏人邯鄲淳所撰《笑林》三卷，爲我國最古笑話專集，讀來令人捧腹，如其中一則：

魯國有個人拿著長竹竿進城門，起初他豎著拿，不能進入；後橫著拿，也不能進入，怎麼也想不出計謀。過了一會兒，有一位老人來，說：「我不是聖賢，但是見過的事很多了啊。爲什麼不用鋸當中截斷，進入城門？」於是，那個人就按照老人講的截斷了竹竿。

故事諷刺了那些愚蠢而又自作聰明的人，幽默風趣包含其中，多讀類似作品定有好處。

除要有豐富的知識、良好的文化素養外，還必須有較好的口才，才能使言談富於幽默感。

著名醫生周禮榮在一次講演中，談到訪問非洲的經歷時說：「非洲朋友對我們自力更生製造出的高品質的顯微鏡感到驚奇。」接著他話鋒一轉，向大家介紹這種顯微鏡的性能，這時，他突然風趣地用起了電視廣告語言：「上海光學儀器廠出品的顯微鏡，可以和德國的顯微鏡相媲美，品質可靠，物美價廉，代辦托運，實行三包。」

一時間，笑語滿堂，氣氛活潑輕鬆。沒有知識，沒有生活，沒有口才，是絕不可能說得如此活靈活現、繪聲繪色的。

2·敏銳的觀察力，豐富的想像力

反應迅速是幽默談吐的特點之一，這就要求說話者思維敏捷，能言善辯。然而，這些又是對生活的深刻體驗和對事物的認真觀察的結果。敏銳的觀察力不僅是科學研究中必備的條件，也是產生幽默談吐的重要因素。

以語言犀利、鋒芒畢露見長的英國生物學家赫胥黎，在一次講演中勇敢抨擊了當時的社會對科學極不公正的態度，他說：

「科學這位『灰姑娘』天天生起火來，打掃房間，準備餐食；而到頭來，人們給她的報酬，則是把她叫做賤貨，說她只配關心低級的物資的利益。」

六十歲那年，他懷著既沉重又難捨的心情辭去了英國皇家學會會長的職務。他在一次講話中說：「我的理智和良心已經向我指出，我已經無法完成這個會長職位的各項重大任務，所以我一分鐘也不能幹下去了。」

這位德高望重的老人痛心地講完上述話語後，又不無諧趣地對朋友們說：「我剛剛宣讀完了我去世的官方訃告。」

赫胥黎以擬人化的比喻，將教會和習慣勢力摧殘扼殺科學的猙獰面目揭示得淋漓盡致，因而具有震撼人心的力量。他又風趣幽默地將辭職演說喻作「官方訃告」，這正是他自己複雜、痛苦的內心的寫照。科學家如果沒有對事物入木三分的觀察力，無論如何也說不出如此傳神的話語。

要把話說得幽默，要做到「意料之外，情理之中」，沒有豐富的想像力是難以奏效的。必須能夠把一件平凡的事物由裡往外、由外往裡看個透，一兩句話就能把那諱莫如深的東西端出來，憑藉豐富的想像力來創造幽默，從人們熟視無睹的現象中創造出別人所不曾問津的東西。每個人都具有想像力和創造力，切莫自己束縛自己。

具有想像力的幽默例子是很多的，現舉一例：

主人請客人在家裡吃飯。客人酒醉飯飽仍不想告辭。主人終於忍不住了，指著窗外樹上的一隻鳥對客人說：「最後一道菜這樣安排：砍倒這棵樹，抓住這隻鳥，再添點酒，現燒現吃，你看怎樣？」

客人答道：「只恐怕沒砍倒這棵樹，鳥早就飛了。」

「不，不！」主人說，「那是一隻笨鳥，根本就不知道什麼時候該離開了。」

從上例可以看到，這位主人的確有著豐富的想像力，因此，幽默的語言才能脫口而出。

另外，一個人的幽默感同他的社會活動緊密相連。要使自己的語言幽默，最好的辦法是向生活學習，向社會學習。中外無數的大政治家、大思想家、大文豪都是極富幽默感的人，我們的周圍也不乏頗富幽默感的人。跟各行各業的人聊天，你會經常意外地發現他們運用語言之妙，表達之風趣，足以令人傾倒。在與各種各樣的人接觸的過程中，你會增強自己語言的庫存和會話的才能。幽默，也是一種酵母，跟幽默的人在一起待長了，自己就會受到「傳染」。我們要有意識地多接近幽默感強的人。通過接觸與交談，增強幽默感。

3．注意言語的健康和新穎

說話幽默風趣，切忌出怪相、油腔滑調或低級趣味。

雖然我們不能苛刻地要求幽默的語言都要有深刻的思想意義，因為它是一種詼諧風趣的語言，但一定要健康，切莫庸俗、輕浮，也不能混同無聊的調笑。

例如，有的人嘲笑人家的生理缺陷，如口吃，跛腳等等，這是很不道德的。又如，有的人對男女之間的八卦話題津津樂道，繪聲繪色，以此嘩眾取寵，博得哈哈一笑。這樣非但不能表現你的幽默，反而只能顯露你自己的庸俗和淺薄。幽默的出發點應當是善意的，有利於團結和身心健康的。

說話人含而不露的神情會增加幽默的效果，因此，談吐宜含不宜露，宜淡不宜濃。我們每個人都有這樣的體會，一個人在說笑話之前，如果自己已經笑得前仰後合，笑得透不過氣來，就很難讓別人產生幽默之感。

另外，幽默也不能過於深奧，應通俗易懂，否則像猜謎一樣，百思不得其解，也達不到讓人發笑的效果。

最後，再提一下，人們對新鮮東西最感興趣。因此，即使是很幽默的話，講了多遍也會使人厭煩。因此話應力求新穎，言人未言，發人之未發。

4·必備的素質

挪威探險家托爾·海雅達爾在與幾位同伴孤筏重洋後，感觸至深地寫道：在冒險航行的惡劣條件下，開開玩笑，說說笑話，對一個探險集體來說，其重要性絕不亞於救生圈。

海雅達爾對幽默的重要性作了極富幽默感的描述。是的，無論是身負重任的領導者，或是普普通通的平民百姓，幽默感都是一項必備的素質。

古今中外，藉著幽默的力量「反敗爲勝」的例子層出不窮。

雷根是美國歷史上年齡最大的總統，這在崇尚年富力強的美國，不消說是一個令其頭疼的問題，難怪他的對手孟代爾總想抓住他的年齡做文章。

一九八四年10月24日晚上，雷根爲了連任總統，與孟代爾進行了一場至關重要的公開辯論。法新社記者在當天的電訊中是這樣描述的：「他在回答他是否認爲自己擔任總統年齡太大的問題時，把在市政禮堂裡的觀眾都逗笑了，並得到了好評。雷根說：『我將不把年齡作爲一個競選主題。因爲我將不利用我的對手年幼無知這一點，來占盡便宜。』」

幽默使雷根「反敗爲勝」，度過了不好下臺的難堪局面。當然，幽默並非是現代社會少數大人物的專用武器。《南亭筆記》中有這樣一則幽默故事：

彭玉麟有一次路過一條偏僻小巷。一個女子用竹竿曬衣服，一失手竹竿墜落下來，正好擊中彭的頭部。彭大怒，厲聲斥罵。那女子一看原來是彭玉麟，内心十分害怕。但她在慌亂中急中生智，連忙說：「你這副腔調像是行伍裡的人，所以這樣蠻橫無理。你可知道彭宮保就在這裡！他清廉正直，假如我去告訴他老人家，怕要砍了你的腦袋呢！」彭玉麟聽了，馬上轉怒爲喜，心平氣和地走了。

身分低下的女子失手傷了權重勢盛的彭宮保老爺，即使她反覆道歉、請罪，也難解尷尬，難脫困境。這位聰明絕頂的女子，

採用幽默的語言，運用間接讚美的方法，面對彭玉麟卻假裝不知，以「清廉正直的彭宮保」來對付這個「行伍裡的人」，這種迂迴讚美比直言讚美既多了幽默的色彩，又讓彭玉麟覺得是「眞心」的讚美，並非「恭維」，於是息怒而去。

不少企業、公司、學校將有幽默感列爲選擇工作人員的必備條件之一，因爲，具有幽默感的口才是衡量一個人社交能力的重要標誌。作爲社會代表的領導者，當然更應具備幽默這種必備的素質。一個談吐風趣、具有幽默口才的人，易於博得廣大群眾的好感；也往往具有隨機應變的能力，能婉言地道出難以啓齒的問題，能使自己所領導的團隊變得友好與和睦，並成爲眾望所歸的領導者。

培養自己的幽默才能，一定要在一開始就很注意把握分寸。特別是擔任一定職位的領導人，句句言談非同小可，如果不愼過了頭，非但不起作用，反而可能會適得其反，造成嚴重的後果。

5．千里之行，始於足下

知道了幽默是什麼，怎樣才能幽默，明白幽默的種種技巧是必要的，但具備幽默的才能才是我們的目的。

不少人說「知易作難」，那我們不知從哪裡下手，從何做起，這話有一定的道理。古人云「千里之行，始於足下」。從現在做起，在自己實際的工作、生活中學起。

習是創造的前提，有人說得好：「在生活中，留心處處皆幽默。」因此，我們要豎起耳朵，聽別人講趣事，聽同事幽默地談工作，也聽家人的歡聲笑語。

有一個人自稱很會下棋。有一天，

有人問他：「今天你和人家下棋，一連下了幾盤？」

他回答：「三盤。」

又問他：「幾勝幾負？」

他說：「第一盤我不曾贏，第二盤他不曾輸，第三盤我要和，這死腦筋的傢伙卻不肯。」

留心聽別人的交談，就會發現許多妙語和幽默故事，讓自己受用不盡，並帶來莫大的益處。像這則故事中這位輸了不認輸的人，在生活中是常見的。

某醫院有個醫術很差的年輕大夫。一天，一位病人求他治病。病人講了病情之後，年輕的大夫就對病人進行了檢查。可是，查來查去，卻說不出病人患的是啥病。他思索了一會兒，突然嚴肅地問病人：「請問先生，你以前得過病嗎？」

「得過，大夫。」

「嗯，對了！你現在是舊病復發。」

再看一則「不要忘記鄙人」的幽默：

求職者：「申請開店營業，請辦理手續。」

辦事員：「大家有數，今後店裡有了便宜貨，可不要忘記鄙人。」

求職者：「……」

辦事員：「經營何種業務？」

求職者：「各種精製花圈和骨灰盒子。」

在這兩則幽默故事中，這位醫生是庸醫，而辦事員則是條蛀蟲。人們往往對後一類故事更歡迎，因爲人們對社會上的不正之風深惡痛絕，以幽默進行諷刺，令人們感到痛快。又如：

爸爸：四同三誰大？

孩子：當然四比三大。

孩子：爲什三元比四角大？

爸爸：這是單位不同。

孩了：爲什麼三個蘋果比四個核桃大？

爸爸：這是概念不同。

孩子：那爲什麼三姨媽比四姨媽大？

爸爸：……

孩子是很天眞的，童言多雅趣，小孩往往能給我們很多的幽默啓發。只要我們細心觀察，身邊的人常有許多有趣的言語、行爲值得我們模仿和學習。必須注意的是，不要去揭人家隱私，談話間寧可讚揚別人抑住自己，也千萬不可以損人達到使人發笑的目的，這是不道德的行爲。

在大千世界，每個人都有自己的故事，每個人都有自己的幽默。發掘自己的故事，是你幽默制勝的一條捷徑。作家三毛的幽默，如同快樂，隨手可得，現在此摘錄幾段。

清晨起來，喝冷茶一杯，慢打太極拳數分鐘，打到一半，忘記如何打下去，從頭再打，依然打不下去，乾脆停止，深呼吸數十下，然後對自己說：「打好了！」再喝茶一杯，晨課結束，不亦樂乎！

……

靜室寫毛筆字，磨墨太專心，墨成一缸，而字未寫一個，已腰酸背痛。凝視字帖十分鐘，對自己說：「已經寫過了！」繞室散步數圈，擦筆收紙，不亦樂乎！

……

逛街一整日，購衣不到半件，空手而回，回家看見舊衣，倍覺件件得來不易，而小偷竟連一件也未偷去，心中歡喜，不亦樂乎！

……

匆忙出門，用力綁鞋帶，鞋帶斷了，丟在牆角。回家來，發覺鞋帶可以繫辮子，於是再將另一隻拉斷，得新頭繩一副，不亦樂乎！

……

上課兩小時，學生不提問題，一請二請三請，滿室肅然。偷看腕錶，只一分鐘將下課，於是笑對學生說：「在大學裡，學生對於枯燥的課，常常會逃。現在反過來了，老師對於不發問的學生，也想逃蹺課，現在老師逃了，再見。」收拾書籍，大步邁出教室，正好下課鈴響，不亦樂乎！

……

交稿死（日）期已過，深夜猶看《紅樓夢》。想到「今日事今日畢」格言，看看案頭鬧鐘已指凌晨三時半，發覺原來今日剛剛開始，交稿事來日方長，心頭舒坦，不亦樂乎！

三毛的確是位幽默家。對於平常的事都以創作快樂之意，創作出幽默。從中我們亦可體驗到：幽默並非高深莫測，生活是幽默的源泉！幽默的材料是層出不窮的，只要我們巧妙地加以運用，就能在社交場合獲得良好的效果。

「千里之行，始於足下」，從現在做起，從吸取身邊的幽默素材做起。讓我們共同記住：幽默地對待生活，幽默地想問題，每時每刻從生活中挖掘自己的幽默！願您成爲幽默家！

6・在實踐中多加訓練

幽默，離不開語言，要使自己具有更多的幽默素質，每一個人都要進行語言的訓練。

宋朝著名愛國詩人陸游，曾對兒子說過這樣一句話：「汝果欲學詩，工夫在詩外。」你如果要寫詩，就要努力於生活。雖談的是詩，但這句話用在幽默也是一樣。

幽默是言語間閃現的智慧的火花，但要做到妙語連珠，就要在實踐中作加強多方面素質和基本功的訓練。

演講要吸引人，當然少不了「生動有趣」四個字，而生動有趣又非用幽默不可，故演講需要幽默。

另外，幽默也需要演講，或者說需要說話。幽默雖屬於人們思想的產物，但它畢竟要被人表達出來，才能發揮它固有的作用。例如娛樂於人、開導他人、自我辯解等等。

一個構思巧妙的幽默，被人們說出來時不一定是幽默——這全看說幽默的人是否善於把它表達出來。這絕不是故弄玄虛，卻是生活中常見的事實。同一幽默的故事的不同表達，其效果相距甚遠。

那麼，講成功的奧祕在何處？這裡簡略地提幾點：

一、在講幽默之前切莫自己先笑起來，也不要作言過其實的應允或過分的謙虛。

二、在幽默中，情節是最重要的，而人物是十分次要的，因此，介紹人物要儘量簡單。介紹人物短短的一句話，情節的描述也十分簡練：

美國大畫家惠斯勒，有一天隨朋友去訪問倫敦的某個百萬富翁。一走進那華麗的客廳。他發現牆壁上掛著一幅他自己繪的畫。他仔細地看了看，對於這幅多年前的作品，很不滿意。於是，取出畫筆和顏料，在那畫上用快筆加以修改。

「你這是幹什麼，」主人一見，大為震驚地說，「喂！喂！你是誰？敢在我的畫上亂塗！」

「你的畫？」惠斯勒不動聲色地回答說，「你以為付了錢就成為你的了嗎？」

三、切忌平鋪直敘，不能用同一速度和調子來表達，在講關鍵的詞和段時，如上文的「你以爲付了錢就成爲你的了嗎？」速度應減慢，並且要加重語氣。

四、既不可沒精打采，又不可矯揉造作。即使是講一兩句話的小幽默，也要表現出你的興趣，多做快活動作。

除以上幾點外，方法還有很多，如眼睛要與聽從的眼睛始終保持聯繫；用詞，特別是表示動作的詞彙要盡力簡單等等，都應予以注意。

7創造自己的幽默感

要使自己也成爲幽默家，就要把他人的幽默人格變爲自己的幽默人格。幽默不是從天上掉下來，也不是用金錢能買得到的，關鍵在於，我們在運用幽默之前，首先要努力創造並逐步發展自己的幽默感。

一天，德國著名作家、詩人海涅收到一個朋友寄來的一封分量很重的欠郵資的信。他取這封信時，付了一定數目的錢。拆開封皮一看，原來是一大捆包裝紙，把包裝紙一層一層地揭開後，裡面有一張小紙條：「層層次次，我很好，你放心」

海涅的朋友很快也收到一個欠郵資的包裹，包裹很重，他以爲裡面一定有貴重的東西，爲取這個包裹，他不得不付出一大筆現金。原來包裹裡面裝的是一個大石頭，石頭下面也有一張紙條：「當我知道你很好時，我心裡的這塊石頭也就落地了。」

看了上述這則「這塊石頭也就落地了」的幽默，我們不禁會捧腹大笑，詩人海涅竟會幽默到這樣的程度。透過這滑稽的故事，我們看到了海涅幽默的人格。他在待人處事方面是意味深長的，給人一種輕鬆的歡笑感，在語言方面給人一種風趣感，在增強幽默感方面又給人以啓發。

在日常生活、工作中，也要加強自己的趣味和遊戲精神，懷著好玩有趣的情緒多多表露自己：「我這個人也是有趣的！我們一起歡笑，互相信任，我能夠取笑自己，而決不會取笑別人！」

你自己充滿了趣味，一旦被周圍的人所發現，他們就會喜歡你、信任你，更重要的是樂意和你來往、交談。別人會覺得找到了一個可以傾訴的對象。他們自覺或不自覺地把煩惱和挫折的事兒告訴你，也不會擔心被恥笑。

當你把幽默當「禮物」送給別人，你就免不了會從他人那兒得到許多有用的東西，學到幽默。別人信任你，樂於同你在一起，同你一道工作，那麼與此同時，你便有了向上的力量，如虎添翼，通向成功。

總而言之，儘管每個人成功的得力點不盡相同，但不少人都是將好玩有趣的精神變爲幽默而取得成功的。只要我們持之以恆地努力，學會用幽默幫助別人，人家也會來幫助我們，我們是完全可以加強自己的幽默感，將幽默變成自己的人格的。

◎ 諷狂妄者

波爾森在研究古希臘文學方面造詣精深，成為學術界的權威。有一位對這方面感興趣的年輕學者曾魯莽地建議和波爾森合作研究。波爾森耐心地聽完了他的分析，對他的不自量力和狂妄很不滿意，便對他說：「你的建議極有價值，把我所知道的和你所不知道的加在一起，那就是一部巨著。」

⇨未讀遍天下書，不可信口雌黃。

◎ 奇妙的賀詞

埃迪・坎托是一位受人歡迎的美國喜劇演員。他的合作人，製片家歐文・撒爾貝格是他的好朋友。

一天，他聽說撒爾貝格生了個兒子，便趕忙發了一封賀電，電文寫道：「祝賀你的最新產品問世，它在被剪輯以後肯定會更好看。」

⇨每一個人剛出生時都是一個新產品，都是沒有定型的、有希望的，如果教育得好，「剪輯」得好，這個新產品就會成功地迸發出自身的能量。否則，等待它的只有被淘汰的命運。

◎ 榮幸的合影

一位剛剛榮升的上校到前線視察他將要接管的部隊，他走到佇列中一位有點羞澀的士兵面前時停了下來，說：「小夥子，頭抬高點，即使在大人物面前也要挺起胸來。讓我們握握手，你可以寫信告訴家人，說你同上校握過手了，他們一定會為此感到驕傲的，小夥子，你爸爸是幹什麼的？」

士兵說：「報告長官，我爸爸是將軍。」

⇨千萬不要因為別人的一時地位低下而看不起別人，即使他沒有顯赫的家世，也可能在不遠的將來凌駕於你之上。

◎ 上帝的轎車

口若懸河的推銷員向波爾太太推銷《少兒百科全書》，他說這套書能解答孩子們提出的任何問題。這時，恰巧波爾太太的小兒子亨利來了。推銷員拍著小亨利的頭說：「孩子，你隨便問我一個問題，讓我給你媽媽示範一下，看我怎麼從書上找到你想知道的答案。」

小亨利：「上帝坐的是什麼牌子的轎車？」

⇨很多成年人都覺得兒童的思想單純，容易掌握，因而常常會犯一個錯誤，就是在兒童面前充當百科全書。事實上兒童的想像力遠遠在答案之外。

◎ 演藝圈太複雜了！

有一天，一個人帶著一隻狗到唱片公司，說自己是這條狗的經紀人，並說這條狗會唱歌跳舞云云，老闆不相信，就叫小狗表演一次。音樂一響，小狗便跟著音樂載歌載舞。

老闆目瞪口呆地看著小狗，覺得這一次撿到搖錢樹了，於是趕快拿出合同希望與狗簽約，沒想到忽然衝出一條大狗，把小狗銜走了。

老闆問：「怎麼回事？」

經紀人無奈地說：「唉！那是牠媽媽，牠媽媽希望兒子能成為一名優秀的醫生，演藝圈太複雜了！」

⇨所有的父母都希望子女能在一個安全的環境中成長發展，為此甚至抹殺了很多孩子的天分。但是，有些行業本身的不嚴肅性也是重要原因。畢竟，安全比金錢重要。

◎ 提問問題

小湯姆喜歡提問題。有一天，他又問了爸爸一個問題，他爸爸不知怎樣回答，便說：「別問我那麼多問題，今天你差不多問了一百個問題了。我小時候問我爸爸的問題，加起來還沒有你今天問的一半呢！」

「喔，對啦，爸爸，您當時如果多提些問題，也許就能更多地回答我的問題了。」小湯姆說。

⇨我們常常無法回答孩子提出的問題，但這並不是我們拒絕孩子的理由。對於兒童的好奇心而言，鼓勵它比抹殺它更有利於孩子未來的發展。許多時候，我們應該鼓勵孩子去自己尋找答案。

◎ 小羔羊的毛

一個小男孩第一次到牧場，見到了小羊羔。他鼓足勇氣去撫摸了一隻，然後發出了驚喜的喊聲：「它的毛是用毯子做的！」

⇨對於孩子的教育，自然科學和人文教育都是很重要的，是讓孩子全面發展的保證，也是培養他們適應環境的能力。

◎ 校服的顏色

一個紐約人來到賭城拉斯維加斯開會，順便帶了九歲大的兒子去看表演。舞臺上幾個女郎身上只有幾片藍色和灰色的布片，九歲的兒子叫道：「哇！哇！好棒啊！」父親急得不知如何處理這局面，但這男孩又興奮地叫道：「她們穿著和我們校服一樣顏色的衣服！」

⇨孩子眼中的世界遠遠比我們眼中的純潔。童心是這個世界上最珍貴的東西之一，盡力給孩子一個純淨的成長環境，讓他們保持童心，是我們的責任。

◎ 圓明園是誰燒的

歷史課上，老師在講《火燒圓明園》一課，小明一直在打瞌睡，老師便進行了課堂提問：「小明，圓明園是誰燒的？」

小明嚇得睡意全無，驚慌答道：「不是我燒的。」

次日家訪，老師說起此事：「我問小明，圓明園是誰燒的？他居然說不是他燒的。」這時，小明的媽媽急忙答道：「我家小明一向老實，他說不是他燒的就一定不是他燒的。」小明的爸爸滿臉不高興地說道：「燒就燒了，多少錢？賠就是了。」

⇨我們不要錯誤地認為錢能解決一切問題。對孩子該寵的時候就寵，該教育的時候一定要嚴格教育，因為「歷史就是一面鏡子」。

◎ 第一名

畢業典禮上，校長宣布全年級第一名的同學上臺領獎，可是連續叫了好幾聲之後，那位學生才慢慢地走上台。

後來，老師問那位學生說：「怎麼了？是不是生病了？還是沒聽清楚？」

學生答：「不是的，我是怕其他同學沒聽清楚。」

⇨名與利是多少人的捆綁、多少人的心結？我們被教育要爭氣、要出頭，但是爭氣出頭的，不過是少數人，沉默的大眾畢竟還是多數。想一想，有那麼多人都和你我一樣，不也是很讓人寬慰的事？

◎ 公母白鼠

一家建築公司的經理忽然收到一份購買兩隻小白鼠的帳單，不由好生奇怪。原來這兩隻老鼠是他的一個部下買的。他把那部下叫來，問他為什麼兩隻小白鼠的帳單必須由公司來支付。

部下答道：「上星期我們公司去修的那所房子要安裝新電線。我們要把電線穿過一根十米長、但直徑只有二點五公分的管道，而且管道砌在磚石裡，並且彎了四個彎。我們當中誰也想不出怎麼讓電線穿過去，最後我想了一個好主意，我到一個商店買來兩隻小白鼠，一公一母。然後我把一根線綁在公鼠身上並把牠放到管子的一端。另一名工作人員則把那隻母鼠放到管子的另一端，逗牠吱吱叫。公鼠聽到母鼠的叫聲，便沿著管子跑去救牠。公鼠沿著管子跑，身後的那根線也被拖著跑。我把電線拴在線上，小公鼠就拉著線和電線跑過了整個管道。」

⇨想像力是科學的一種神祕附屬物。畢卡索說：「每個孩子都是藝術家，問題在於你長大成人之後是否能夠繼續保持藝術家的靈性。」

◎ 眞心話

節日裡妻子邀請了一些朋友來家裡聚餐，進餐之前，妻子轉向六歲的女兒問：「你想帶領飯前禱告嗎？」

女兒說：「我不知道說什麼。」

妻子啟發道：「就說你聽過的媽媽說過的話。」

女兒低下頭說道：「主啊，該死的！我為什麼要邀請這些人來聚餐呢？」

⇨父母是孩子的表率，應該注意生活中的點滴。良好的家庭教育是孩子完備人格的保證。

◎ 爸爸

週末早上，丈夫還在擁被高臥，他的朋友東尼卻已來訪，我連忙對三歲的女兒說：「快，快去叫爸爸。」

女兒望著我，遲疑了一會兒，走到東尼面前，怯生生地喊了一聲：「爸爸。」

⇨對待兒童的教育，我們常常用成人的思維去考慮問題，用簡單的方式粗線條地解決兒童的問題，這個誇張的結論提醒我們，一旦面對兒童，應該處處注意。

◎ 做夢

一個老師白天睡覺，醒來卻編造謊言欺騙學生說：「我在夢中見過周公。」第二天，他的學生仿效他，趴在桌上睡覺。老師特別生氣，用戒尺把學生打醒，問他：「你大白天為什麼睡覺？」學生說：「我也去拜見周公嘛。」老師說：「周公說了些什麼？」學生說：「昨天沒有見過你的老師。」

⇨身教勝於言傳，榜樣的力量是無窮的，不要用自己的不良行為去玷污孩子純潔的心靈。

◎ 我比你小得多！

爸爸：「你知道為什麼我要處罰你嗎，亞瑟？」

男孩：「不知道，爸爸，為啥？」

爸爸：「因為你打了一個比你小的男孩子。」

男孩：「那麼，爸爸，請別打我！」

爸爸：「為什麼？」

男孩：「因為我比你小得多！」

⇨身教重於言教，孩子更多的是用眼睛看，而不是用耳朵聽。所以，說給孩子十次道理不如當父母的躬行一次更有影響。

◎ 笨賊一籮筐

員警問一個被當場抓住的小偷：「為什麼你偏要到這家商店偷東西？」

小偷回答說：「因為這家商店離我的住處很近。你知道，目前社會上非常亂，我不敢晚上離家太遠……」

⇨在自己的身上，你總會發現這個社會的縮影。如果對社會有要求，不妨先要求自己。

◎ 鬍子的讚詞

一位貴族夫人傲慢地對法國作家莫泊桑說：「你的小說沒什麼了不起，不過說真的，你的鬍子倒十分好看，你為什麼要留這麼個大鬍子呢？」莫泊桑淡淡地回答：「至少能給那些對文學一竅不通的人有一個讚美我的東西。」

⇨社會分工越來越細，行業種類越來越多。我們不了解和不熟悉的東西也越來越多。當你可能陷入一種必須對你不知道的東西發言的境地的時候，千萬不要用有限的知識去「張冠李戴」。

◎ 有力證據

一位病人向醫生訴說左腳痛得很。醫生說：「這大概跟你年齡大了有關係。」

「不可能，」病人說，「我的右腳與左腳是同歲的，為什麼右腳不痛？」

⇨很多時候，我們自己的想當然未必是正確的。而別人給我們忠告以後，我們還是用自己的想當然去反駁，就更是錯上加錯。

◎ 更換

顧客很不高興地對侍者說：「這隻螃蟹怎麼都沒有腳？」

侍者得意地說：「這說明螃蟹是活生生的，這是剛才牠在廚房搏鬥的結果。」

顧客：「那好吧，請你替我換一隻剛才搏鬥的勝利者來。」

⇨生活中不要輕易做那些自作聰明的托詞。因為其結果往往都是：你還沒來得及為之得意，就發現那其實是你給自己設下的陷阱。

◎ 不同之處

雅典將軍伊菲克拉斯特出身貧苦。有一次阿莫迪斯（雅典的功臣，曾在西元前五一四年擊敗海皮亞斯暴君，因此受人敬重，子孫後代都享有一定的特權）的一個後裔嘲笑伊菲克拉斯特是鞋匠的兒子。將軍回敬道：「你說對了，我們是不一樣。我們之間的不同在於，我們家族從我這裡開始振興，而你們家族却從你那裡開始衰亡。」

⇨一個家族或一個民族的興旺，需要幾代人的努力；而一個家族或一個民族的衰敗，一代人就夠了。

◎ 高齡的原因

瑪律科姆·薩金特是美國音樂指揮家和風琴手。他為古典音樂在年輕聽眾心目中的復活盡了很大的努力。

在他70歲那天，一個採訪者問他：「您能活到七十高齡，應該歸功於什麼？」

「嗯，」指揮家想了想說，「我認為必須歸功於這一事實，那就是我一直沒有死去。」

⇨現代人都在挖空心思地尋找養生之道。其實，人的生命是非常奇妙的，沒有任何一種所謂的科學的方法能證明可以延長生命。既然這樣，我們為什麼還要在長壽這個問題上浪費這麼多精力和時間呢？為什麼能高壽？薩金特回答得好：「因為我一直都沒有死。」

◎ 開皇家學會的玩笑

英國植物學家、作家約翰·希爾因為未能被批准加入皇家學會，一直耿耿於懷。有一次，他從普里斯茅斯給學會寄來一封信，信中他編造了一例神奇的病例：一名水手從桅杆上摔下來，跌斷了一條腿。醫生用繃帶替他固定後，給他用焦油冷浸，效果奇好，三天內他的腿就恢復了。這一案例引起了學會認真的討論。誰知不久學會又收到約翰・希爾的來信，說他在上封信中忘了說明那條斷腿是木頭做的。

⇨在現代社會也是如此，一些無聊、毫無價值的事情總是以嚴肅的面目出現，值得我們警惕。

◎ 首相與熊貓

英國首相邱吉爾頭一回看見熊貓時，覺得這種動物很有意思。只見那頭熊貓仰臥在地，怡然自得，壓根兒不理會這位叱吒風雲的大人物。首相對牠凝視良久，最後聳聳肩說：「真想不到，牠竟是如此的高不可攀！」

⇨不想跌入低谷的人，最好是穩穩地站在一座高山上。

◎ 美化語言

美國前總統杜魯門在公共場合講話時，總是不自覺地說上幾句髒話。據說，一位民主黨的知名女士曾請求杜魯門夫人勸她丈夫說話乾淨些，因為她剛聽到杜魯門指責某個政治家的發言「像一堆馬糞」。杜魯門夫人聽後，毫不吃驚地說：「你不知道，我花了許多年時間，才把他的語言美化到這種地步。」

⇨做大事者不拘小節，有時候一些所謂的「缺憾」更能夠增加你的人格魅力。

◎ 不費神的閱讀

德國幻想小說的奠基人庫爾德·拉斯維茨，一次在回答記者關於他最喜愛什麼樣的書籍的問題時說，他唯讀歌德的作品和描寫印第安人生活的庸俗驚險小說。記者對這位大作家如此古怪的閱讀趣味大惑不解，拉斯維茨便進一步解釋道：「你知道，我是一名職業作家，總是情不自禁地想對所讀的作品分析品評一番。這樣做實在太費精神了。而讀上述那兩類書籍，則可以省卻這種麻煩，讓腦子完全休息。因為，歌德的作品太高超了，簡直不容置評；而庸俗的驚險小說又太低劣了，根本不值一評！」

⇨人應該根據自己的需求去選擇生活物資和生活方式，而不應該過分地去追求潮流。

◎ 權威人士的俏皮話

有一次，貝爾納說了句俏皮話，把他的朋友們逗得捧腹大笑。其中一位非常佩服他的才華和為人，就恭維他說：「只有你才能說得出如此妙不可言的話來。」

可是，貝爾納坦率地告訴他，這句話是從報紙上看來的。

「是嗎？可你說得那麼自然，就像是發自你的內心一樣。」

「這一點算你說對了，」貝爾納得意地說，「不同的是，我把它權威化了。」

⇨有時候儘管它是平常的或者是錯誤的見解，也很難被人置疑，這就是權威。

◎ 柯南道爾的威力

有一次，柯南道爾收到一封從巴西寄來的信，信中說：「有可能的話，我很希望得到一張您親筆簽名的照片，我將把它放在我的房內。這樣，不僅僅我能每天看見您，我堅信，若有賊進來，一看到您的照片，肯定也會嚇得跑掉。」

⇨對於心存不軌的人來說，很多代表正義和智慧的東西都能讓他們害怕，這就是所謂的「邪不勝正」。

◎ 向不知趣的人「道歉」

英國詩人羅伯特•勃朗寧作起詩來沒完沒了，從不知厭倦，可他十分憎惡任何無聊的應酬和閒扯。在一次社交聚會上，一位先生很不知趣地就勃朗寧的作品向他提了許多問題，勃朗寧既看不出問題的價值，也不知道他到底用意何在，便覺得十分不耐煩，決定一走了之。於是，他便很有禮貌地對那人說：「請原諒，親愛的先生，我獨佔了你那麼多時間。」

⇨對於不同的人，時間的價值是不同的，浪費別人的時間無異於謀財害命。

◎ 低產和高產

古希臘悲劇作家歐里庇得斯曾承認寫三句詩有時要花三天時間。一位跟他談話的低能詩人驚訝地叫了起來：「那麼長時間，我可以寫出一百句詩呢！」

「這我完全相信，」歐里庇得斯答道，「可它們只會有三天的生命力。」

⇨經典是智慧的結晶，藝術的生命力和付出的心血成正比。

◎ 留影的用意

二十世紀20年代，匈牙利劇作家費倫茨・莫爾納爾居住在維也納的一家旅館裡。一天，他的一大批親戚來看望他，並希望分享一點劇作家的巨大成功。事先，他們估計可能會受到冷遇，所以做好了心理準備。但是，使他們感到吃驚的是，莫爾納爾很熱情地與他們打招呼，甚至還堅持要大家坐下一起合影留念。

照片洗出來後，莫爾納爾把照片交給旅館的門衛，說：「無論什麼時候，你看見照片中的任何一個人想走進旅館，都不要讓他進來。」

⇨在你成功時才會想到你的人，希望與你分一杯羹的人，多半不會有什麼善良的目的，對於這樣的人，最好是在不動聲色中將他們拒之門外。

◎ 反守爲攻

但丁在參加一次教會舉行的儀式時，陷入了沉思，以至在舉起聖餐時竟忘記跪下。他的幾個對頭立刻跑到主教那裡告狀，說但丁有意褻瀆神聖，要求予以嚴懲。在宗教統治的中世紀，這一罪名可非同小可，何況他還是個反教皇黨人。但丁被帶到主教那裡，他聽過指控以後，辯解說：「主教大人，我想他們是在誣衊。那些指責我的人如果像我一樣，把眼睛和心靈都朝著上帝的話，他們就不會有心神東張西望。很顯然，在整個儀式中，他們都心不在焉。」

⇨在攻擊、指責別人的時候，往往也會暴露出自己的險惡用心。

◎ 石學士

詩人石曼卿性情放蕩，詼諧幽默，喜歡飲酒。一次，他乘馬遊覽報國寺，牽馬的人一時大意，馬失控驚走，他不慎落地。侍從們連忙把他攙起來扶上馬。行人見了，紛紛過來圍觀，都以為他會大發雷霆，把牽馬人大罵一番。不料，石曼卿卻慢悠悠地揮起馬鞭，半開玩笑地對牽馬人說：「幸虧我是石學士，如果我是瓦學生，豈不早被摔碎了？」

⇨有些事情既然已經發生了，再過於計較也於事無補，莫不如多些寬容，只需一個玩笑，既讓自己擺脫了狼狽，又免去別人的愧疚、窘迫。當然，涉及原則問題時，卻萬萬不可如此。

◎ 誰能考我呢

有人問美國大學問家葛特里奇，為什麼他這樣一位偉大的學者卻從未獲得博士學位。他微微一笑，回答：「誰能考我呢？親愛的先生！」

⇨只有世俗的人才總是用世俗的眼光看每件事情、每個人。這是他們無法成為偉人的原因之一。

◎ 打錯了

電影院的燈剛熄滅，一個扒手把手伸進了雷加的衣袋，當即被雷加發現了。扒手說：「我想掏手帕，掏錯了，請原諒！」

「沒關係。」雷加平靜地回答。過了一會兒，他「啪」地一聲，小偷臉上挨了一記重重的耳光。

「對不起，打錯了，我臉上落了一隻蚊子。」雷加說。

⇨對於惡人，絕對不能遷就和退讓，你越退讓，他們越得寸進尺。

◎ 打賭治病

卡爾松說：「我不明白這所醫院究竟在幹什麼。當我躺在這裡時，一個醫生說我得的是闌尾炎，而另一位醫生卻堅信我得的是膽結石。」

「那這一切是怎麼結束的呢？」

「他們用硬幣的正反面打賭，結果卻割掉了我的扁桃腺。」

⇨有些時候，我們覺得正規和嚴謹的地方，並不如我們想像的那麼負責。唯一的原因是職業道德的淪喪。面對我們生命安全的選擇，我們要做的是仔細仔細再仔細。

◎ 擠檸檬

博比·貝克是伯勃馬戲團的大力士，他的表演很受觀眾的歡迎，一根很粗的鐵棒，他用手輕輕那麼一扳就折斷了，就像人們折斷一根甘蔗那麼輕巧。然後，在觀眾們陣陣喝彩聲中，博比向觀眾提出他那著名的一百英鎊的懸賞：「你們看到這顆檸檬嗎？每個人都可以把檸檬擠出汁來，現在我先把檸檬汁擠乾，如果誰能把我擠過的檸檬再擠出一滴汁來，我就給他一百英鎊。」有那麼三、四個氣力大的人上臺試試，但都失敗了。

一天晚上，一個五十多歲的小個子走進表演場來碰運氣了，這引起人們一陣陣哄笑聲。然而，令人吃驚的是，這個小個子居然把大力士博比擠過的檸檬擠出汁來，而且幾乎擠了一湯匙！博比不禁驚叫道：「先生，你真行！你是幹哪行的？」

小個子「啊」了一聲，說：「收稅的。」

⇨稅收是立國之本，富裕的國家都是通過高稅收高福利來進行社會轉移。正是由於有如此多的偷漏稅之人，才造就這樣的稅務官員。

◎ 瞞歲數

一個六十歲左右的富有的單身漢，愛上一個比他年輕得多的女子。他去請教伏爾泰。「我想跟她結婚，但是我怕把真實年齡告訴了她之後，會使她失望，不肯和我結婚。所以我想對她說，我只有五十歲。」「那不行！」伏爾泰回答說，「你應該告訴她，你已經七十歲了。」

⇨愛情裡不能容忍謊言，用謊言追求愛情有多大意義？伏爾泰的諷刺直接道出了愛情的本質。

國家圖書館出版品預行編目資料

幽默心理學／麥斯 主編
初版，新北市，新視野 New Vision，2020.12
面；　公分 --
ISBN 978-986-99105-9-0（平裝）
1.幽默 2.生活指導

185.8　　109016050

幽默心理學

主　　編　麥斯
出　　版　新視野 New Vision
製　　作　新潮社文化事業有限公司
電話 02-8666-5711
傳真 02-8666-5833
E-mail：service@xcsbook.com.tw

印前作業　東豪印刷事業有限公司
印刷作業　福霖印刷有限公司

總 經 銷　聯合發行股份有限公司
新北市新店區寶橋路 235 巷 6 弄 6 號 2F
電話 02-2917-8022
傳真 02-2915-6275

初版一刷　2020 年 12 月